《政治学前沿》编委会

目　　录

政治理论

国家地理空间叙事中的疆域、领土及边疆

周　平*

【内容提要】 国家是具有多个侧面及多种属性的政治构造物，对人类社会发挥着深刻而巨大的影响，因而成为政治认知域的主要对象。近年来，在国家的政权维度、政治共同体维度受到重视之后，国家的地理空间维度也引起了越来越多的关注。国家地理空间方面的议题，在某些论域中甚至具有优先性。如此一来，国家地理空间叙事中的疆域、领土、边疆等概念，以及与之结合在一起的政治机制就成了关注的焦点。然而，这些基本概念不过是述说人们对国家地理空间认知的工具，具有在特定历史条件下沉淀下来的特殊内涵。并且，这样的内涵在历史变迁中还在不断地变化，从而具有时代的特征。因此，在国家问题的认知中，全面、准确地把握这些基本概念及关联着的机制内涵，是形成完整的国家叙事的必要环节。

【关键词】 国家叙事；地理空间；疆域；领土；边疆；边疆治理

国家问题从来都是政治学的核心主题，政治学的开创者亚里士多德的《政治学》，所论述的就是当时的城邦国家体制。政治学发展到现代，经由一系列的知识整理而实现知识的体系化，也以现代国家为基本预设，并在国家的框架中进行。在政治学的知识论域中，尤其是对国家或国家问题的专题讨论中，国家

* ［作者简介］周平（1959—　），男，云南大姚人，云南大学民族政治研究院教授，主要从事民族政治学、边疆治理的教学与研究工作。

的地理空间属性无法回避。事实上，历史上关于国家和国家治理的各种论述中，国家的地理空间属性问题也总是被提及，有时还形成专门的讨论和论述。然而，在绝大多数情况下，对国家地理空间的讨论或论述，往往以“涉及”的方式进行，因而缺乏系统性和整体性，未能建立起完整的学理逻辑，相关的知识也未实现系统化，所以在国家理论中缺乏应有的地位。但是，近几年来，这样的状况正在逐渐地改变。在中国政治学自主性知识体系构建中，涉及或属于国家地理空间叙事范畴的各种讨论、研究正在逐渐凸显，国家地理空间方面的议题的热度也在逐渐升高。而在国家地理空间叙事范围内进行的各种讨论中，疆域、领土及边疆又是屡被提及的概念，并成了国家地理空间叙事的关键环节。本文就这样的几个问题，从学理的角度进行简明的梳理，试图对这些基本问题的本质内涵进行必要的厘清。

一　国家地理空间属性在当代的凸显

国家是人类社会迄今为止最为有效的政治形式。但是，作为一种政治构造物的国家，却不是天然形成的，而是社会在政治实践中为满足现实的需要而“创造”出来的。国家出现以后，人类的政治便进入了国家时代。在此条件下，人类社会由国家来治理，并以众多国家政治共同体的形式存在，成为国家控制或治理下的社会。人类社会成了众多国家的集合体。

在人类的历史上，国家被“创造”出来以后，一直就是一个立体和复杂的存在。首先，在氏族社会的末期，建立在道德基础上或基于道德关系而形成的公共权力，对于氏族社会的调控能力逐渐丧失，内部日渐刚性化的矛盾使得社会面临被“炸毁”的危险。于是，为了维持社会的存在而必须建立和维护秩序的强制性要求，促成了以暴力组织为后盾的公共权力的建立，并按地域来划分居民，从而对特定地域上的人口组成的社会进行管理。于是，国家这样的政治形式便出现了。“将国家与其他社团组织区分开来的很多重要原则都源于这样一个简单但又是最基本的事实：国家必须使用暴力，否则将不成其为国家。”① 这样一套以暴力为支撑的公共权力的形成、存在和运行，是国家这种政治形式的本质内涵和根本特征。因此，作为一种政治形式的国家的第一个属性，便是政治权力或国家政权的属性。其次，国家这样的政治形式的建立和长期存在，也就将其所管辖或统治的人口组织起来而成为一个整体，从而构成了一个国家政治共同体。这样一个政治共同体的规模、结构，成了一个国家最基本的外部面貌。既在国家的分裂或瓦解，也经由这个政治共同体的坍塌或解体而体现出来。于是，国家便具有了政治共同体的属性。再次，不论国家是一个政权及其组织结构，还是由其所管辖的人口组成的政治共同体，皆在一定的地理空间范围内形成和存在，以占据或控制一定的地理空间为基本的前提条件。恩格斯就特别强调：“国家和旧的氏族组织不同的地方，第一点就是它按地区来划分它的国民。”② 从今天的现实来看，“一个国家存在并被承认，就必须有一个边界分明的区域，在其中进行管辖与仲裁。这已是普遍的规则”。③ 而且，一个国家对地理空间的占据或控制的状况，关乎它的发展甚至决定着国家的前途和命运。国家为了获得或占有某个地理空间，往往不惜诉诸武力，使争夺地理空间成为国家生死攸关的重大行动。国家占据或控制的自然地理空间，也就成为国家的政治地理空间。从这个意义上看，一个国家就是一个政治地理空间单元。地理空间的属性，也是国家的基本属性。

这样的情况表明，任何一个现实存在的国家，都具有国家政权、国家政治共同体和政治地理空间三个基本的维度。国家其他方面的内涵和属性，皆在这样三个方面的基础上形成和发展。从这个意义上看，国家的政权属性、政治共同体属性和政治地理空间属性，也是国家的三种基本的属性。而且，国家这三个方面的维度和属性各自都不是孤立存在，它们相互支持、相互影响、相互制约，形成了一个稳定的结构。因此，对国家的认知和研究，这三个维度及其所形成的三种属性的每一个方面都不可或缺。

---

① ［美］莱斯利·里普森：《政治学的重大问题——政治学导论》（第10版），刘晓等译，华夏出版社2001年版，第52页。

② 《马克思恩格斯选集》第4卷，人民出版社2012年版，第187页。

③ ［美］莱斯利·里普森：《政治学的重大问题——政治学导论》（第10版），刘晓等译，华夏出版社2001年版，第265页。

但是，在对国家的认知以及对国家所作的具体而深入的研究中，对这三个方面或三种属性的关注及其所取得的成果的状况并不平衡，它们之间存在着很大的差异。首先受到关注以及研究和论述最多的，当数国家政权的维度。目前，得到广泛传播的政治学知识，主要是西方政治学的知识体系。这样的知识体系不仅聚焦于国家问题，对国家的政权设置和体制机制进行了大量的研究，而且对政治学知识进行整理并实现的体系化也以民族国家为基本预设，因而政治学的基本知识及基本理论大多围绕国家政权而展开，严格意义上的国家理论在其中占据着主导地位。此外，政党及政党政治研究、政治参与研究、政治稳定研究、民主体制研究等，则以不同的方式围绕国家政权而进行。近年来兴起的国家治理研究、公共治理研究，也从特定的角度涉及国家政权问题。就总体而言，政治学现有的知识和理论的绝大部分都集中于国家政权方面。

随后，国家政治共同体的维度也受到了重点关注和研究。第二次世界大战后，挣脱帝国主义殖民统治而获得独立和解放的民族，在构建自己的国家政权时大多采取了民族国家体制。但是，在新的国家体制建立起来以后，普遍遇到了因无法得到国内不同民族群体或族群的认同陷入危机的问题，即政治发展理论常常提到或论及的认同危机。在这样一个特定历史条件下凸显的国家认同问题，把国家的政治共同体属性推到了关注的前沿。阿尔蒙德在将国家认同问题界定为“集体忠诚冲突”的同时，还进一步指出：“在任何一个国家历史上的某一时刻，当对传统的准国家单位的忠诚同对国家的忠诚和国家的目标发生冲突时，政治共同体的问题就可能成为首要的问题，并造成重大的政治危机”。① 于是，国家的政治共同体属性随着国家认同的讨论而受到关注。在身份政治兴起而对欧美等早已构建民族国家并尽享其体制红利的国家形成挑战的情况下，塞缪尔·亨廷顿针对美国的问题而进行深入研究的基础上出版的《我们是谁？——美国国家特性面临的挑战》一书，更是将国家认同问题变成一个全球关注的重大问题，从而进一步凸显了国家的政治共同体属性。②

---

① ［美］加布里埃尔·A. 阿尔蒙德、小 G. 宾厄姆·鲍威尔：《比较政治学：体系、过程和政策》，曹沛霖等译，上海译文出版社 1987 年版，第 39 页。

② ［美］塞缪尔·亨廷顿：《我们是谁？——美国国家特性面临的挑战》，程克雄译，新华出版社 2005 年版。

相对而言，政治学对国家地理空间维度或属性方面问题的关注和研究，在相当长的时间内远落后于上述两个方面。尽管已经形成的关于国家的诸多假说、论述或理论，尤其是国家治理方略的分析和论述，都或多或少地涉及地理空间方面的问题，但这样的分析和论述总体上看显得比较零散，缺乏持续性和整体性，既未聚焦于地理空间基本问题，也没有形成系统的关于国家地理空间的完整论述，不论是研究的力度还是取得的成果都显得薄弱。由于缺乏完整的论述而缺乏说服力，国家的地理空间维度或属性的知识和理论总体上看比较缺乏。

但是，这样一种令人遗憾的状况在近几年来正在逐渐地改变。国家地理空间方面的讨论骤然增多并引人注目，基于国家地理空间而形成的议题大量出现，相关的讨论和研究也越来越多并不断深入，如领土主权概念的讨论，领土认同的讨论，国家疆域形态的讨论，以及边疆及边疆治理的讨论，都在如火如荼地进行并不断有新成果呈现。

这样一种良好局面的形成，与几个方面的因素直接相关：一是，随着科学技术的持续发展，人类探索、开拓和利用地理空间的能力在广度和深度方面皆得到了快速地发展，以国家为主体而开拓和控制更加广大的地理空间的积极性大幅提升，一些国家在原有领土的基础上对更大地理空间进行积极开拓，由此形成的对地球上唯一没有主权归属的陆地南极、国际海底区域、外层空间的特定区域进行不同程度控制的现象迅速增多；二是，随着全球化在广度和深度两个方面的发展，国家间的行为和利益的交融更加突出和深化，一些国家在互利基础上通过租赁等方式而对对方国家领土范围的特定区域进行控制的现象日渐突出，从而将国家间在地理空间控制权上出现重叠或覆盖的问题突出了出来；三是，在国家间关系日益刚性化的背景下，国家间的地缘政治形势发生深刻的变动且愈加突出，一些国家为了谋求地缘政治利益而以战略边疆、利益边疆的方式而将国家力量投射到了领土外的其他地理空间，或对其实施直接的控制。随着这样一些因素和问题的突出，国家地理空间方面问题的复杂性前所未有地突出，其间的矛盾和冲突频频出现。因此，国家地理空间问题受到了越来越多的关注。

这样一些在国家的地理空间维度上展开的讨论和研究所取得的成果，把地理空间方面议题在国家问题或现代国家问题讨论中的地位大大提升了，甚至使之在某些国家问题的论域中成了优先性的议题，进而逐渐构筑起了一个国家地理空间的叙事体系。如此一来，国家理论就不仅有国家权力或政权叙事、国家治理叙事、国家认同叙事、国家安全叙事等，还有了国家地理空间叙事、国家的边疆叙事等，从而拓展、深化和丰富了对国家的认知。而且，国家地理空间方面的讨论，尤其是由此而对国家地理空间属性认知的深化，不仅补上了国家认知或国家理论原先在地理空间方面的“短板”，而且国家地理空间方面的认知与其他两个方面的认知成果相结合，又有力地促进了国家认知或国家理论的全面化、系统化。

二　国家地理空间的疆域与领土之辨

在国家地理空间叙事中，以什么样的概念来描述和分析对象，是一个关键性的问题。其间所使用的概念尤其是核心概念，不仅本身是此前认知的成果或认识成果的结晶，也是相关的理论描述、分析和构建的基础或基石，在此基础上形成的治理机制更是对国家间在地理空间占有问题上的相互关系产生着直接的影响，进而导致处理国家间地理空间占有关系中矛盾和问题的机制的构建，对国家间关系和国际体系发挥着直接的影响。

作为对国家占有或控制地理空间实践之理论反映的国家地理空间叙事，是对现实过程中处理此类问题之实践经验的总结。简要回溯国家地理空间叙事的历史不难发现，尽管国家这样的政治形式形成后，国家占有或控制一定的地理空间就成了现实，但在相当长的时间内都没有形成描述和分析这样的现实的明确且统一的概念，故而大都根据此地理空间是一个有界限的范围的现实，使用了“疆域”（英文为 Territory）这样一个描述性的概念，如《荀子·君道》所说：“纵不能用，使无去其疆域，则国终身无故。”① 《魏书·地形志二上》则

① 王威威：《荀子译注》，上海三联书店 2018 年版，第 146 页。

说："《夏书·禹贡》、周氏《职方》中画九州，外薄四海，析其物土，制其疆域，此盖王者之规摹也。"[①] 这里的"疆域"只是一个对现实进行描述的概念，未能确定此地理空间的性质和地位，并不具有对国家间拥有关系进行界定的涵义。

国家"主权"概念的出现，尤其是国家主权体制的建立，引起了国家地理空间叙事的根本性变革。"主权"概念最早由法国思想家让·博丹提出，后经荷兰思想家胡果·格劳秀斯的论证而具有国际法的意义。欧洲三十年战争所确立的威斯特伐利亚体系，则使主权具有了国家体制的涵义。国家主权概念提出伊始，尤其是经威斯特伐利亚体系而建立国家主权体制，便与国家占据或控制的地理空间直接结合在一起。国家主权只能在一定的地理空间范围内行使，而国家拥有主权或主权管辖的地理空间范围便成为国家的领土。国家在自己的领土上行使的主权，即国家领土主权。同时，威斯特伐利亚体系还确定了领土的获得、分割和转让及领土争端解决的方式。如此一来，"领土"便成为了描述和分析国家地理空间的基本概念。

民族国家出现并取代王朝国家之后，尤其是民族国家经法国大革命中的《人权与公民权利宣言》而被赋予宪法意义从而实现了体制化以后，国家主权在民族国家体制中得到了继承和进一步的巩固，并促成了由国民组成的民族拥有国家主权的国家伦理的构建。于是，国家主权便与以民族国家为典型形态的现代国家有机地结合在一起，成为现代国家体制的核心内涵。这样的国家伦理与"领土"概念的结合，不仅丰富了国家领土的内涵，而且促成了一套关于国家领土及领土主权的体制机制的构建。

民族国家取代王朝国家之后，随着其由于包含民族形成时的一系列内在机制（如人口国民化、国民整体化）作用的发挥，显示出了较之于王朝国家而具有促进现代社会、现代经济构建的强大功能，推动了采取此种体制的国家在现代化和发展方面取得令人瞩目的成就，从而成为世界上许多力图改变落后现状的国家在变革过程中效仿的对象。同时，为民族国家体制提供价值准则的"主

① （北齐）魏收撰：《魏书》第七册卷一百六上，地形志二上第五，中华书局1974年版，第2455页。

权在民”的国家伦理，与欧洲启蒙运动中形成的一系列基于理性的观念和原则相结合，产生了一系列的现代社会政治观念。这些观念的广泛传播，不仅为已经建立民族国家体制的国家产生了意识形态的支持，也在为世界上更加广泛的国家反封建、反殖民统治提供思想武器的同时，为其接受和采取民族国家体制提供了理论上的合理性和道义上的正当性。因此，民族国家体制就被世界上越来越多的国家采纳而实现了全球扩张。

在民族国家的全球扩张过程中，世界上越来越多的国家采取了民族国家体制，也就采纳了民族国家的主权和领土机制，从而使“国家领土”成了全球范围内描述和分析国家地理空间范围的基本概念。第二次世界大战后，一大批在帝国主义殖民体系瓦解过程中获得独立和解放的新兴国家，大都采取了民族国家体制，并使构建民族国家成为政治发展的主要内容。如此一来，一个民族国家的世界体系便逐渐建立了起来。以联合国为核心的国际体系的构建及其相关规则的确立，则进一步巩固和丰富了民族国家体制的意义。同时，国家领土、主权、边界等成了国家地理空间叙事中不可或缺的概念。在此基础上，相关的治理机制和规则也逐步建立起来并越来越体系化，从而又进一步充实了这些概念的内涵，使其不仅具有描述事实或现象的含义，而且具有了揭示国家与地理空间本质联系的涵义，同时还具有处理国家间关系的治理内涵。在这样的情况下，疆域概念也在历史舞台中逐渐隐退，甚至完全烟消云散。

但是，如此一个在长期历史发展中被赋予了丰富内容的国家领土及相关概念，在经历了长时间的使用以及运用中屡试不爽的成功之后，20 世纪末在国家地理空间领域出现的一系列新问题的凸显又使其面临着严峻的挑战。而且，在现实中出现的严峻挑战面前，这些国家地理空间叙事中的重要概念及相应的机制，就逐渐地显得力不从心了。

的确，领土及其相关的一系列概念以及在此基础上形成的治理机制，都是在国家主权概念和机制基础上形成的，归根到底是国家主权概念和主权机制的拓展和延伸。这样一套以主权为核心或基于主权的概念和机制，在实践中的确发挥了十分重要的作用，不仅对各个国家的国家权力的独立行使，以及国家间在主权基础上的相互尊重的原则的形成具有重要的影响，从而形成了关于国家主权及基于主权的国际秩序的论述和设计。而且，主权机制及基于主权的国家地理空间的独立性、尊严和争端解决机制，也在处理国家间矛盾的实践中发挥了重要的作用。从一定意义上看，近代以来尤其是第二次世界大战以来国际秩序的形成以及国际和平的维护等，国家主权理论及其机制都发挥了十分重要的作用。

可是，第二次世界大战以来的这几十年，国家的行为方式已经发生许多深刻和根本性的变化，从而对此前形成的理论论述以及治理体制形成了挑战，导致其难以应对或在应对中显得捉襟见肘。从国家地理空间的角度来看，国家对地理空间的占有和控制方式已经出现了新的情况。国家在不违反现有国际法的条件下，在领土外或主权管辖的地理空间范围外占据或控制新的地理空间的行为越来越频繁，以及这样的占据和控制越来越具有实质性的意义，影响也更加突出。因此，长期使用的领土及其相关概念和叙事就无法满足现实的需要了。面对这样的现实挑战，以更加有效的概念和叙事来取代原有的概念和叙事，或增添新的概念和叙事来对原有的概念和叙事进行补充的问题就凸显了出来。于是，国家地理空间叙事中在广泛运用后又沉寂已久的“疆域”概念再度找回，就成为一个不得不做出的选择。

诚然，在今天这个时代，国家领土仍然是国家占据的地理空间的主要形态，国家地理空间的主权属性仍然需要继续坚持和强调。但是，国家行为体超越主权或领土而控制地理空间的现象已经突出且获得了较为广泛的承认或认同，因此就必须寻找一个能够将这两种国家占据和控制地理空间的形态包含在内的外延更为广泛的概念。面对这样的需要，历史上曾经广泛存在和运用的“疆域”就成为最为适当且完全可以胜任的概念。

不过，在今天的国家地理空间叙事中找回“疆域”概念并加以运用也要注意，今天所使用的“疆域”概念已经与历史上的疆域概念有所不同，已大大超越了曾经的“疆域”概念的内涵。首先，今天用“疆域”概念来指称或描述的国家地理空间，主体仍然是国家享有主权或具有主权管辖的领土，而且对相当多的国家来说，领土就是其疆域的全部。其次，对于那些在领土之外占有或控制更多的地理空间的国家来说，“疆域”概念是对其所占据和控制地理空间范围的整体性描述，但其疆域中超越于领土的部分，与其拥有主权的部分也存在本质的区别，具有完全不同的性质，是其国家的非主权性疆域，不能将它与主权性疆域混为一谈。

三 边疆在国家地理空间的独特地位

国家地理空间叙事，不论是采取疆域叙事还是领土叙事，边疆都是一个无法回避的重要问题。更加值得注意的是，今天的国家在地理空间拓展中于领土之外而控制的区域，一般都以“边疆”（frontier）概念来指称和描述；国家间在地理空间占有或控制方面所发生的冲突，往往也以边疆冲突或边疆危机的方式表现。如此一来，边疆也就成为涉及国家地理空间问题的相关讨论中不可回避的重要议题，“边疆”概念成为对国家疆域或领土及与此相关冲突事件以及国家治理进行述说中不可或缺的重要概念。

对于任何一个国家来说，真实存在的边疆都是一个既定的地理空间区域。然而，世界上没有一个地理空间范围天然地就是边疆。边疆这个特定的地理空间区域，是在国家框架中因为治理的需要而在疆域上划定的。国家治理这个政治变量与国家疆域特定范围的相互作用及其涵化，就“创造”出了边疆。因此，边疆具有突出的国家属性和构建性特征。

一般来说，那些占有或控制着较大地理空间范围即疆域规模较大，且疆域的不同区域间存在着明显差异的国家，为了国家治理的有效进行，往往把疆域的边缘性区域区分出来，有针对性地采取特殊的方式进行治理。国家疆域内这样一个处于边缘并采取特殊措施治理的区域，随着时间的推移而逐渐固化以后，就被描述或界定为“边疆”。在中国的历史上，秦统一六国并建立高度集权的中央政权而对整个国家进行统治时，就面临着把此前各个诸侯分别治理的不同的区域纳入到统一的中央政权的直接统治下而进行整体治理的问题。在应对这样一个以“一”对“多”的治理难题过程中，王朝中央以王畿为中心，把远离王朝中央并具有突出异质性的区域区分出来，建立不同于核心区的政权设置，如边郡、边县等，采取特殊的措施来进行治理。这样的治理之策的长期而持续地实施，国家疆域的边缘地带或区域就被认定为“边疆”。而在罗马帝国时期，对外扩张并推行殖民统治过程中在传统疆域外新获得并加以统治的区域，就称之为 frontier，即边疆。由此来看，国家因治理的需要而确定的边疆，只能在国家的框架内划定和描述。忽略或脱离了国家这个主体，边疆的讨论只能是空谈。

不过，国家在自己占据或控制的地理空间即疆域的范围内划设边疆，又因面临的具体情况不同而采取不同的方式，如在自己长期占有的既定的疆域范畴内划定边疆，或在传统疆域范围之外把新拓展的疆域界定为边疆。这两种不同的方式构建起来的边疆，在性质上具有显明的差别。中文在表述这两种方式形成的边疆，都使用同一个“边疆”概念，英文对这两种边疆的表述就截然不同，前者为 borderland，后者为 frontier。因为研究美国的边疆而著名的历史学家特纳，就把美国在西进运动中新开辟的边疆称为“移动的边疆”，并强调：“美国的发展……是一个在不断前进的边疆地带上回复到原始状况，并在那个地区有新的发展的运动。美国社会的发展就是这样在边疆始终不停地、周而复始地进行着。这种不断的再生，这种美国生活的流动性，这种向西扩张带来的新机会以及跟简单的原始社会的不断接触，提供了支配美国性格的力量。”①

国家主权体制形成之前，国家占据或控制的地理空间，一般就称为国家疆域。由于没有公认的国际规则对疆域进行规制，也未建立起疆域争端的解决机制，武力就成为疆域的维持及得失的根本因素，疆域争端往往通过武力或战争来解决。在人类历史上，国家之间的战争结束后，战败国对战胜国割地赔款的例子不胜枚举。由于国家疆域具有变动性，作为国家疆域之边缘地带的边疆的位置变化、盈缩变化比比皆是，边疆便具有“移动”的特征。美国在建国后的相当长时间，都把其边疆描述为“移动的边疆”。但是，在世界范围内的国家主权体制于第二次世界大战后全面建立以后，主权成为国家的根本权利和存在的标志，以其界定的领土也成为了国家地理空间的主要形态。在此条件下，国家的边疆只能在其领土范围内划定，体现着国家的领土主权，边疆的“移动”属

① ［美］弗雷德里克·杰克逊·特纳：《边疆在美国历史上的重要性》，黄巨兴译，载《历史译丛》（第5期），中华书局1963年版，第30—52页。

性和特征逐渐淡出，甚至受到完全的否定和批判。一些对领土外地理空间区域的占据或控制，也被视为霸权的表现。

但是，第二次世界大战以来，随着人类开拓和利用自然地理空间和太空空间能力的增强，以国家为主体而占据或控制新的地理空间的现象越来越突出，国家对地理空间的非主权性的控制或对领土外地理空间的控制越来越突出和多样。一是，对“地球公地”的特定空间的开发和利用。如极地科考、海底考察、地球深层的探索以及对太空、外太空的开发利用，也包括今后对月球、火星等星球的开发和利用，由此形成的对新的地理空间的控制对相关国家的治理和发展的影响十分突出。二是，在国家活动和利益交融日渐深化的条件下，国家通过条约或租借的方式而利用他国的领土，如租借港口、军事基地等，就在他国领土的范围内对某个特定区域（地理空间）形成实际的控制，等等。三是，依据国际法而对“地球公地”的管控，如依据《联合国海洋法公约》，而对专署经济区享有的主权性权利的实际运用中，对所涉及的特定区域的维护和管理，从而形成了对这些区域一定程度的控制。

在上述情况下，国家新开拓并占据或控制的地理空间，往往远离国家的核心区，甚至远离国家的领土。因此，对于这样区域的描述和分析，大都使用“边疆”概念，形成了太空边疆或高边疆、利益边疆、战略边疆等概念。比较突出的是，“20 世纪 80 年代中期，美国等西方大国从维护自身利益的需要出发确定战略控制范围，首先使用了‘利益边疆’概念”①，并将这些理论逐渐地付诸实践。与此同时，其他国家基于国家利益的外部性而构建自己的利益边疆的行动也逐渐显现并日渐增强。放眼今天的世界，“‘利益边疆’的存在已是事实，并成为全球化时代维护国家主权和制订国家战略的重要基点”②。如此一来，边疆的形态或以“边疆”概念来描述的地理空间就越来越多样化，从而在传统的边疆样式的基础上增添了许多新的边疆样态，而且这其中许多新的边疆样态是此前的视野和分析中不曾出现过的，甚至是难以想象的。这样的情况表明，边

① 于沛：《从地理边疆到“利益边疆”——冷战结束以来西方边疆理论的演变》，《中国边疆史地研究》2005 年第 2 期。

② 于沛：《从地理边疆到“利益边疆”——冷战结束以来西方边疆理论的演变》，《中国边疆史地研究》2005 年第 2 期。

疆的样态已经随着时代的发展而多样化、立体化了，当然也变得比以往任何时候都更加复杂，相关的分析及论述也越来越多，并导致了国家地理空间叙事的复杂化。

从国家主权的角度来看，今天如此多样和复杂的边疆可以划分为两种基本的类型：一是国家享有主权的边疆，即在领土上划定的边疆，可称为主权性边疆，或领土边疆；二是国家不享有主权的边疆，即在领土外划定或划设的边疆，可称为非主权性边疆，或非领土边疆。由于国家主权的排他性原则和属性，主权性边疆中的国家主权具有排他性，不允许别的国家再对其享有主权。因此，主权性边疆也称为硬边疆。而非主权性边疆，国家对其不享有主权，并不具有排他性，因而是软性的边疆或软边疆。对于后者，国际社会可依据国际规则，主权国家则可通过主权权利，褫夺或收回某个国家对非主权边疆的控制权，改变或解除此区域为某国控制的状况，消除其边疆的性质。

纵观世界各国，拥有边疆的国家都尽可能地对边疆进行充分的开发和利用，尽可能地发挥其功能，如边疆支撑国家战略的功能，边疆的资源蕴藏，边疆的国家安全功能，边疆的地缘政治功能，边疆的维护国家的整体利益尤其是海外利益的功能，边疆的科学探索功能，等等，凸显了边疆对于国家发展的意义。

不过，不论是哪一个国家的边疆或哪一类边疆，都有着独特的地理环境，远离国家的核心区，与其他国家接壤或毗邻，具有异质性的文化或民族，处于国家权力传输的末端，既面临地域特殊性所产生的各种问题，也面临着来自其他国家、其他方面因素的影响而形成的挑战，这些问题都可归结为边疆问题。相关国家则要利用国家的力量来应对这些问题，尤其是突出的问题，开展边疆治理。只有对边疆进行了有效治理，使其处于稳定和良性运行状况，边疆才能发挥其蕴涵的功能。那些边疆范围广大的国家，应对边疆问题的边疆治理往往成为其国家治理的特殊而重要的部分。而相关国家在利用和治理边疆以及应对他国影响尤其是领土争端的过程中，将国家的力量、资源投射到边疆，或围绕边疆的设置来配置国家资源，包括对海外的非主权边疆的力量投射，也会对国际格局和地缘政治形势产生直接的影响。

四 由国家地理空间叙事引出的思考

国家的所有结构要素及其所管辖的社会，皆建立并存在于一定的地理空间范围之上的事实表明，占有或控制一定范围的地理空间是国家存在的基本前提。地理空间属性，是国家最重要的属性之一。因此，对国家地理空间进行深入的研究，是政治学不可回避的责任，所取得的知识成果则是政治学不可忽视的重要部分。缺乏或忽视国家地理空间的维度，对国家的认知就不完整。既然如此，不论是从促进国家理论完备的角度来看，还是从促进国家治理的角度来看，在政治学知识体系构建、深化和丰富国家地理空间的论述并形成完整叙事，必须引起必要的重视。此前，中国既有的国家认知和国家论述，受到诸多因素尤其是意识形态的深刻影响，往往偏重于国家的阶级属性和专政属性，国家的地理空间属性未得到必要的关注，国家的认知和论述因而缺乏完备性。在推进中国政治学自主知识体系构建的进程中，这样的状况必须从根本上加以改变。

在国家地理空间叙事的构建、深化和丰富的过程中，疆域、领土、边疆皆是基本和重大的问题。一方面，疆域、领土、边疆是描述和分析国家地理空间的不同向度属性和特征的基本概念，脱离了这样一些基本概念，就无法对国家地理空间形成完整的述说。另一方面，在用这些历史形成的概念来描述和分析国家地理空间的实践中，尤其是处理国家间在这些问题上形成的争端，以及国家在应对现实挑战所进行的治理，又会以这些概念为基础或支点而形成了相应的政治机制。这些机制的形成并发挥作用的过程，则进一步丰富了国家地理空间问题的内涵。正是由于如此，围绕这些概念所形成的问题及相关讨论中进一步提出的问题，都应该引起重视，有的还成了国家地理空间叙事的主要议题。

诚然，围绕着或聚焦于国家地理空间属性的认知和描述，也还有其他的角度，如历史的角度、地理的角度、国际关系的角度、文化的角度、民族的角度以及文学的角度等，这些不同角度的认知和讨论，在丰富国家地理空间问题的内涵、深化对问题的把握，以及引起社会对此问题的关注等方面，都发挥了十分重要的作用，因而都是不可或缺的和必须引起注意的。但是，国家地理空间问题的根本或底层逻辑，是国家对一定地理空间的占据或控制，具有突出的国家属性或国家主体性。从国家角度或国家地理空间的角度来进行论述和叙事，才能抓住问题的根本。其他不同角度的认知和讨论，如果脱离或忽略这一底层逻辑意义的因素或属性，就会导致对国家地理空间属性的误解。

疆域、领土、边疆这些概念以及在此基础上形成的政治机制，都是特定历史下为了描述和处理当时的国家地理空间问题而构建起来的，因而也必然具有由那个特定历史条件所赋予的涵义，不能将它们绝对化。一是，疆域、领土、边疆等概念，都关联着不同历史条件下产生的其他概念和机制，如果忽视了这些概念的历史性特征而抽象地使用这些概念，就会在逻辑的自洽性方面出现问题。如使用领土概念时，必须注意与之关联的主权概念和主权机制的历史形成，如若使用领土概念去描述和分析主权概念和主权机制出现前的疆域问题，就会由于时空方面的错位而导致混乱，如一些论者以“领土”概论去描述和分析中国古代的疆域，就无法把领土之“领”的含义说清楚。二是，疆域、领土、边疆这些概念，其涵义也处于历史演变的过程之中。人类历史在不断演进，国家体制本身和国家间关系及其处理机制也不断面临着新的问题，因此对这些问题的认知和应对的方式都会发生变化。不仅会以新的概念和机制来补充、修正原先的概念和机制，甚至还会以新的概念和机制去取代原有的概念和机制，从而使这些概念和机制的内涵更符合实际也更加丰富。因此，这些概念和机制的某些方面可能在某个时代具有神圣性，如领土、领土主权，但它也会随着时间的推移而发生变化。

这样的情况还表明，疆域、领土、边疆等在历史进程中逐渐形成的概念或范畴，其涵义并不像字面上看起来那么简单、明了，在其背后还有更加丰富的内涵需要去挖掘。与此同时，与这些概念关联的政治机制，不仅进一步丰富了这些概念的实际内涵，也使这些概念的历史性特征更加明显。这些概念及相关机制的内涵，都是在一个历史过程中由于面对和处理若干现实的挑战而采取的方式、方略，以及若干历史经验也包括教训的基础上沉淀下来的。因此，从政治学的学术、学理的角度来把握这些概念和机制，就不仅要将它们置于相应的国家论述和叙事中讨论，而且要从它们形成和演变的历史进程的角度来进行梳理。只有这样，才能准确地把握这些概念和机制的内涵，在学术研究中恰当地使用这些概念工具，并在实践中有效地利用这些内涵赋予相关机制的意义或价值。

这些概念和机制在中国的运用和阐释中，还遇到了一个学术圈和政策层都必须认真思考的问题，即如何运用这些概念来描述和分析中国的国家地理空间，进而在此基础上形成相应的机制来维护国家的地理空间利益。新中国成立之时，以及其后国家关起门来搞建设时期，国家皆面临领土主权方面的严峻挑战。在这样的形势下，我们不仅对领土主权给予了高度的重视，甚至在一定上将其神圣化和绝对化了。这样的做法在有效地维护了国家的领土主权的同时，也带来一个不容忽视的后果，即对领土主权作出了窄化的理解和论述，因而在相当时间内只把疆域局限于领土范围，而且还只重视陆地领土，并不把海洋国土包含在内。在此基础上，我们对西方大国在全球化条件下以太空边疆或高边疆、利益边疆、战略边疆等而形成的对领土外地理空间的控制，以及由此形成的概念和对新的地理空间的各种论述，持激烈和绝对的批评态度，忽略了这些行为所具有的现实根据，以及由此形成的一定程度的合理性。当中国发展起来并融入世界体系和全球化进程以后，治理和发展均须在全球部署的现实需要下，使得在更加广大的地理空间范围进行布局变得必不可少，对地理空间的狭隘化的理解和论述就反过来成了自缚手脚的绳索。随着中国的快速发展和越来越融入世界，尤其是中国全面融入世界体系以后，在国家地理空间问题上传统的认知及政策已经跟不上形势的发展和国家发展的需要，因而需要对这些概念和机制进行重新梳理和阐释，进而形成适应今天的形势和国家发展需要的新的理论论述。

今天，正在努力构建自主知识体系的中国政治学，应该面向现实面向世界面向未来，基于中国的历史文化和今天的国家立场、国家发展，包括构建人类命运共同体的理念等，来对这样的问题和概念作出具有中国特色的阐释，凸显中国政治学在这些方面的知识贡献。

（责任编辑：王鸿铭）

远虑近忧：国家战略的规避性向度

任剑涛*

【内容提要】 国家战略关乎国家发展的长远与全局问题。国家战略一向受重视的是积极进取的倡导性一面，而对消极退守的规避性一面所言不多。前者是国家发展的向上目标，后者是国家持存的兜底要求。兜不住国家战略的底线，是导致国家战略失误与失败的决定性原因。为保证国家战略的有效性，必须对国家战略的规避性向度予以高度重视：对国家战略上常常出现的战略误判、战略冒进、战略透支与战略溃败等进行关联分析，从而在制定与实施国家战略时避免跌进这类陷阱。在国家战略谋划上试图兜住这四个底线，需要在国家建构与建设上满足四个基本条件：国家的自我清醒认识、国家动员的合理程度、国家治理的高超技艺、举国以理性拒斥癫狂。总而言之，现代国家战略的制定与实施，是一个呈现国家兴衰界限的关键问题，国无远虑，必有近忧。

【关键词】 国家战略；倡导性；规避性

在国家战略（national strategy）的论述中，人们常常着眼于国家战略的成功性个案，而忘记了国家战略的失败性个案。两相比较，后者带给人们的教训，远比前者带给人们的经验更为重要。相应地，因为关注国家战略的眼光盯住了成功的一面，对国家战略进取性的做法论述翔实，而对国家战略的规避性方面所论不多。为避免国家战略的失败，有必要强化对国家战略规避性问题的讨论。其中，四个

---

* ［作者简介］任剑涛（1962—　），男，四川苍溪人，清华大学社会科学学院教授，主要从事政治学理论、当代中国政治的教学与研究工作。

问题尤为值得关注：战略误判、战略冒进、战略透支、战略溃败。战略误判、冒进、透支与溃败连贯浮现，就是国家战略的彻底失败。讨论国家战略的规避性向度，目的在于保证国家成功规避这些战略误区。在比较国家战略研究中，如何让国家保持战略清醒，俾使规避性一端兜住底线，倡导性一端落实目标，乃是国家战略研究的两个相关目的。现代国家战略存在先发国家的试探性战略与后发国家的模仿性战略两种基本类型。先发国家在现代化探索中拥有从容的时间和广阔的空间，因此可以以试错的方式探索国家前路，其战略的前置性与全局性并不凸显；后发国家面对的发展局面颇为紧张，因此不得不对其发展的全局处境和长远目标做出谋划，反倒表现出国家战略的事先自觉。但因为处境的不利，这类战略常常表现出对倡导性一面的压倒性关注，悲剧性地遗忘了国家战略的规避性向度。这对国际局势与国内状态双重紧张的后发国家来讲，无疑显著加大了国家发展战略的规划难度。这是大多数后发国家在战略上都会陷入溃败状态的必然原因，也因此促使人们高度关注国家战略的规避性向度。

一 着眼大局

理解“国家战略”，首先需要理解“战略”（strategy）。战略，按照克劳塞维茨的经典定义，“战略是为达到战争目的而对战斗的运用，因此战略必须为整个军事行动规定一个符合战争目的的目标，也就是拟制一个战争计划，并且要把引向这一目标的一系列行动与这个目标联系起来”。[①] 可见，“战略”一词首先是一个军事术语。但分析起来，谁能够给定战争的整个军事行动以目标呢？那当然不是军事指挥者能直接给定的，只有政治领导人才可以给定战争的整个军事行动的目标。这就将人们理解战略问题的方向指向了政治领域。在这里，出现了理解战略的两个局面：一是对兼具政府首脑与军事统帅身份的独裁者来讲，会把政治与军事直接统合起来；二是在分权体制中，由于政府首脑与军事统帅是区隔开来的两

① ［德］卡尔·冯·克劳塞维茨：《战争论全集》（第 1 卷），陈川译，商务印书馆 2019 年版，第 271 页。

种身份，因此需要对各自的责任与权力做出具有弹性的划分和连接：政府首脑决定战争的总体目标，军事统帅根据战场需要调动资源以完成政府首脑决定的军事任务，但政府首脑有权根据己方的实际处境来调整其战略目标。在政府调整其战略目标的时候，联盟关系成为一个重要内容。因此，战略便区分出着重兵力变化的有限战略，以及从整个国家层面来考虑问题的大战略（grand strategy）。“所谓‘大战略’，或称高级战略，其任务就在于调节和指导一个国家或几个国家的所有一切资源，以来达到战争的政治目的；而这个目的，正是由基本政策，即国家政策所决定的。”① 如此一来，大战略就不仅将军事战略延及国家政策，而且进一步将国家政策扩展到国际关系领域。国家战略，就此成为下及军事、社会、经济等具体领域目标，中及国家总体发展目标与政策，上及国际关系的一个宏大概念。取决于这一定义，理解国家战略，也就是围绕国家总体发展目标与政策这一核心展开，就是一个自具理由的进路。这也是以“国家”为单位的战略被称之为“大战略”或“高级战略”（high-level strategy）的理由所在。

“大战略必须搞清楚，一个国家或几个国家的经济资源和人力资源，并且有效地动员这些资源，用以保障武装力量的作战行动。同时，它也要充分估计到国家的精神力量，因为教养人民具有高度的精神素质，经常都是重要的，其重要性并不亚于物质的斗争工具。大战略也必须负责陆、海、空军之间的兵力兵器分配，负责整个武装力量与工业之间的调整工作。更进一步说，军事力量只不过是大战略所掌握的各种工具的一种而已。为了达到削弱敌人抵抗意志的目的，大战略更应注意和利用的，是其全部力量，即财政上的压力、外交上的压力、商业上的压力，以及从重要性上说来并不算最后一项的思想道义上的压力。”② 大战略与战略两个概念的含义相当不同：前者是一种国家总体战略，后者则只是与战争直接相关的战略。缺乏适当的战略，试图取得战争胜利就非常困难；缺少国家战略，在国家间的竞争中要占据有利地位，也就根本不可能。战略适当，是战争取胜

---

① ［英］利德尔·哈特：《战略论》，中国人民解放军军事科学院译，战士出版社 1981 年版，第 449 页。

② ［英］利德尔·哈特：《战略论》，中国人民解放军军事科学院译，战士出版社 1981 年版，第 449—450 页。《大战略》的作者约翰·柯林斯也明确指出：“国家战略在平时和战时综合运用一个国家的各种力量以实现国家的利益和指标。”“大战略支配军事战略，而军事战略只是大战略的一个组成部分。”参见［美］约翰·柯林斯：《大战略》，中国人民解放军军事科学院译，战士出版社 1978 年版，第 46—47 页。

的关键；大战略合理，是国家间竞争胜出的前提条件。前者与军事资源动员体系相关，后者与国家总体发展状态相连。两者都是一种大局观的体现，但后者远比前者的视野更为宽广——乃是一种国家精神、经济发展、外交纵横、商业往来、道义价值、人民素质、权力机制、竞争能力等因素综合而成的结构。简言之，一个国家在这些方面的综合发展相互匹配、合理有效，是其国家战略适当、推动国家发展并取得国际竞争优胜的保障。

这是大战略论题上具有广泛共识的立论。人们普遍相信，国家战略之作为大战略，一方面是以维护国家利益为核心取向，另一方面则以综观考量国家发展面对的诸条件为思考方式。就前者言，“从国家领导层的角度来考察，国家利益是构成正确战略的基础。国家利益是高度概括的抽象概念，它反映了每个国家的基本需求”。[①] 最重要的国家利益是国家的生存，也就是一定程度的独立、领土完整、传统的生活方式、基本制度、社会准则和荣誉不受侵犯。为维护这些利益，国家就必须面对国家间的竞争，并集中资源争取人心。就后者论，国家战略需要综合考虑地理因素的影响、武装部队的特点、军备控制的影响、经济与财政方面的制约、科学技术与战略的关系、民族特性及其态度。在此基础上，不仅制定有利于维护国家安全的大战略，而且推动国家在国际竞争中获得显著优势。[②]

国家战略有其历史演进过程。在古代国家中，国家很难对政治、经济诸事务有一个全面预期。这与古代国家建构的粗糙性、统治所及范围的有限性、所获资源的匮乏性、发挥功能的局限性、自我保障维持的被动性等具有密切关系。因此，古代国家不可能像现代国家那样，对自己的事务做出一个全局与长远的谋划。但古代国家也有自己的战略意识，出现了人类早期的战略家与战略思想家——如雅典的柏拉图、亚里士多德。前者从《理想国》《政治家》到《法律篇》，对三种国家建构战略进行了系统论述；后者则在《政治学》一书中对政体建构这个国家根本战略问题进行了比较论证。这是西方古代的国家战略在理论

① ［美］约翰·柯林斯：《大战略》，中国人民解放军军事科学院译，战士出版社 1978 年版，第 46—47 页。

② 参见［美］约翰·柯林斯《大战略》，中国人民解放军军事科学院译，战士出版社 1978 年版，第 311—401 页。

上达到自觉的标志。而希腊在以雅典为中心的提洛联盟、以斯巴达为中心的伯罗奔尼撒联盟的长期战争与竞争中形成的国家战略，则是西方古代在国家战略上的竞争性呈现。加上罗马战争征服的战略，以及在此基础上建构的万民法与市民法两重统治体系，象征着古代国家战略制定与实施的高超水准。对中国来说，夏商周三代更迭，从“夏服天命”到周“以德配天”，标志着国家战略理念的自觉。而在春秋时代，以孙子撰写的兵法，成为中国古代战略理论达到极高水准的标志性作品。但从总体上讲，“我们今天所说的大战略——运用国家力量，在一切可能想象的情况下满足国家安全目标的需要——在古代是稀有的东西。”[①] 这一方面固然是因为战略环境的简单，不需要复杂的大战略谋划；另一方面则是因为民族国家尚未出现，大战略理念还在蛰伏状态。

大战略是典型的现代产物。一是因为民族国家的兴起，让国家安全问题显得日益重要。人们不得不在国家内部与国际社会两个维度来紧张地考虑国家战略问题，以便维护国家安全；二是因为战略环境超乎寻常的复杂起来，政治、经济、文化、科技、教育等社会要素的高度分化，以及相互之间的交错影响，让国家运行变得难以掌控，于是人们不得不对国家运行的主要要素进行把控，以期保有国家的长治久安。现代国家的兴起，从控权的角度看，可以溯及 1215 年英国的《大宪章》；从实际控制住国家权力来看，则以 1688 年英国的“光荣革命”为标志性事件；从政治理论上讲，可以约翰·洛克发表的《政府论》下篇为成熟的象征。现代国家的战略意识是以民族国家为依托背景的。今日所谓国家安全，就是民族国家的安全；今日所说国家战略，就是民族国家的战略；今日所及的国际秩序，就是民族国家间的秩序；今日所论的国家大局，就是国内与国际的社会要素和谐运作的局面。当人们对这类战略有了一个理性化的认知，力求从制度上进行长远和全局的谋划，促使国家运行在一个精巧设计的制度平台上，现代国家战略就崭露在人们面前。

可以断言，“古今之变”是现代战略兴起的大背景。作为古今之变，在政治上，就是从难以驾驭的专制王权变而为分权制衡的立宪机制；在经济上，是从

---

① ［美］约翰·柯林斯：《大战略》，中国人民解放军军事科学院译，战士出版社 1978 年版，第 5—6 页。

低效率的农业经济转变为高效率的工业市场经济；在社会上，则是从国家控制或放任社会的机制转型为社会高度的自主、自治与自律，因此与国家权力划界而治；在人的精神结构上，乃是从人的工具化处境转变为“人是目的”的状态。从制度机制来看，在一国之内，以竞争性劳动和产品市场情景下的资本积累即资本主义生产方式、以人化环境改变自然的工业主义、以对信息和社会督导控制建立起来的监督机制、在战争工业化情况下对暴力工具加以控制的军事力量，构成了它的制度体系；在全球范围来讲，四个相倚的维度支撑起全球化框架：世界资本主义经济、民族国家体系、世界军事秩序与工业的发展或国际劳动分工。① 国内与全球化互动，构成现代世界的完整图景。这是现代战略据以生成的大背景条件。

如前所述，长期以来，战略只是一个军事术语。这是因为，在古代社会，战略主要呈现在国家统治的军事领域。这是相对简单的古代国家一个必然的现象。从军事战略转变为国家战略，也就是从军事战略转变为大战略，乃是一个结构性的转变。之所以是一个结构性的转变，是由于促使人们进行战略思考的社会结构发生了根本改变。现代社会机制的诞生，让简单社会终结，复杂社会降临，国家的依托机制变了，国家结构本身也就变了。当战略意识成为支配国家运行的自觉意识和行动模式时，军事战略不再是古代社会军事的具体战场布局、战争胜败的单纯考量。在英文中，strategy 这个词既表示战略，也表示策略（战术），因而有其模糊性。初期，战略是指每一次大规模战斗（会战）的布局问题：怎么调兵遣将，怎么设计制胜术，怎样实现己方对一场大规模战斗的布局意识和布局意愿。它不同于敌我双方对垒的一次战斗，依靠的是战术或策略致胜。军事战略一旦上升到战略、大战略的高度，它就远远超出了军事领域，进入了国家的总体领域。这就是现代战略与现代国家内在相连的缘故。现代国家作为一个“人造的人”（an artificial man），以其精巧配合的社会各个局部、由各种不同功能联合成一个有机体式的存在。从霍布斯的那种受机械唯物论影响的生物体国家开始，到德国人手里把它打造成更为精致的国家有机论。一些人

① 参见［英］安东尼·吉登斯《现代性的后果》，田禾译，译林出版社 2000 年版，第 49—68 页。

习惯于将国家作为一个有机体来对待，相应地在思考国家战略问题的时候，也就将国家作为一个具有自主生命的有机体来对待。于是。国家战略也就分化为理解这个有机体的两个大思路：一是从社会要素上分解国家结构，强化对国家权力的制约，谋求国家长期持存的战略机制。这就是从霍布斯的个人主义出发，落实下来的洛克的分权制衡机制。二是从社会要素在国家机制中的高度合一，试图促成一种脱离活生生的个体而自具独立生命力的抽象国家，并以此为基点，去进一步思考这个抽象国家的前途与命运。前者以英国为代表，后者则以德国、日本、俄罗斯等一大批后发国家的执着追求为人们所关注。前者的国家战略是经过渐进摸索的结局性产物，后者的国家战略则是刻意以抽象国家的富强作为制定与实施战略的核心宗旨。两者都以国家为战略的思考单位，但前者的国家是具体的，后者的国家则是抽象的或权力意志的。无论如何，这样的战略思考、制定与实施，都明确划分出了古今的不同界限：战略已经从古代的军事指向，转变为现代的国家指向。

现代国家一旦降临，战略便成为国家能够建构起来且成功运作下去的基本要求。对任何一个现代国家来讲，国家以什么样的战略来保证自己的持存、发展与竞争优势，是战略思考的核心问题。在思考特点上，它高度重视国家各个构成要素的精巧匹配，俾使国家长期绵延且有力维系。然而，现代国家并不能天然地保有适当的国家战略，因此会因为国家战略的适当与否，分流为成功国家与失败国家。这一分流，不仅是因为国家战略思维上的重大差异，也是因为国家实施的种种战略措施具有根本不同。从战略观念落实为战略举措，国家间会因其发展态势、权力意欲、公众认知、资源聚集、社会动员、政策应对、国际协调等方面的不同进路，而呈现出天差地别的结果：一些国家倾向于务实行动，一些国家喜好空谈战略，并以无视公民价值的方式追求没有明确指向的国家富强这类战略目标，结果不仅造成国家悲剧，甚至引发国际灾难。这一点，似乎已经成为一个令人触目惊心的现代国际政治现象。前及的德国、日本、俄罗斯，自有其战略理论家，故有国家战略的思想高度。但由于这些战略围绕的都是抽象的国家富强目标，国家权力固然大喜过望地乐于实施这类有利于权力自我维系与巩固的所谓战略，但结果一定与所谓战略家的战略期望完全悖反。

德国的大空间理论、日本的东亚共荣圈理念、苏俄的世界革命理论、如今俄罗斯杜金式的地缘政治学，都是支配过三个国家的国家行动的战略思想，但结果不是实现国家所意欲的富强，而是让国家陷入了显见的危机状态。最终，国家要么落入准殖民地的悲壮境地，要么造成国家的准崩溃结局。①

对现代国家来讲，国家战略和国际战略具有内在的关联性。一个国家，需要解决国家内部的政治、经济、文化、科技、教育、历史、传统，以及外交这八大因素的相互匹配机制。就国家战略来讲，需要着眼于国家内部各社会组成要素的合宜运转，否则就不会有真正有效的、有助于强盛的国家战略。如果国家战略没有能够有效坐实，仅仅在寻求富强的宗旨下进入国际社会并追求霸权，即便这个国家占据了极为广袤的土地、拥有相当丰富的自然资源、有着看似强大的军事力量，它也很难成为名副其实的强大国家。从基辅罗斯、莫斯科公国扩展而成的俄罗斯帝国，领土之广、资源之丰富、军事之强大，一时让邻国，甚至是国际社会敬畏。其扩张力的强大，让人将俄罗斯人称许为“战斗民族”。但俄国的称雄、苏联的称霸，在苏联的瞬间崩溃中成为过眼烟云。而“新帝国”英国的疆域，恰好与俄罗斯的疆域范围出现相反运动：曾经是“日不落帝国”的英帝国，在第二次世界大战后的殖民体系解体过程中，几乎退出了所有殖民地，且在退出时为殖民地留下了现代国家建构的“遗产”，推动了这些国家与地区的现代政体建构进程。这个分流非常具有象征性意义：它表明，像俄罗斯这类对疆域控制表现出极强欲望的国家，在国家战略的角度看，实际上缺乏一个必要的政治理论自觉——它根本不知道现代国际体系已经发展到新的控权阶段，它不以传统的、控制领土面积大小为国家强弱的标志，而以创新和协同为国家竞争力的核心指标。英国仍然为人们示范着这样的国家战略有效性，而美国更是以创新和国际协力向人们力证国家战略的崭新机制。因为创新不是一国之内那个具体部门的单兵突破，而是一个国家形成了“创新发展的社会系统”并高效运作的结果。② 这就不仅让创新性国家不再追求领土占有、人口控制、军事争

① 参见［美］保罗·肯尼迪《大国的兴衰》，陈景彪等译，国际文化出版公司 2006 年版，第 139—187 页。

② 参见［挪威］詹·法格博格等主编《牛津创新手册》，柳卸林等译，东方出版中心 2021 年版，第 15—18 页。

夺这些传统国家战略核心使命，一心以创新发展实现国家的和平性发展，而且促使其他国家悉心模仿、寻求创新。国际体系，因此有可能成为千方百计追求创新的新体系。这是经典的现代国家战略必须刷新的一个机制。

现代战略不再是军事战略，已经升格为国家战略。而国家战略，也不是限于一国范围内的孤立谋划，而是在国际处境中对国家大局的谋划。一方面，这使战略从单纯的军事行动转变成国家总体战略；另一方面，也使国家强盛的意愿追求转变到后果呈现，让国家战略既在权力结构上以立宪而合理化，也让国家在国际社会的良性竞争中以创新示范他国。就此而言，前述的卡尔·施密特的大空间战略、杜金的地缘政治学论述、日本的东亚共荣圈布局，都是远远落后于时代演进的陈旧大战略理论。尽管仍然有人迷恋这类理论，并且醉心其中，诱导人们迷执这类早已过时的国家战略，但其不足以引导国家形成健全的战略观念与战略部署，已经为最近的俄乌战争所证实。国家战略的大局，一者仍然需要国家将诸社会要素理性地加以配置，从而将历史与当下、经济资源与经济发展、政体选择与国家运行、文化要素与民族凝聚这些因素相互协调。二者，则需要国家战略寻求新的效用指标体系，不再以武力或物化力量作为衡量国家强弱的指标，而以创新性发展为国家盛衰、强弱的判断标准。这是一个现代国家战略成熟的标志，也是一国在国家间竞争中赢得优势的两个大局问题。

二　倡导与规避

从现代国家战略的角度看，人们主要着眼于那些更有利于国家强盛因素的聚拢。这是一种倡导性特点非常凸显的国家战略大思路。国家战略的倡导性与规避性指向本是相依而立的。但相比而言，倡导性的向度更加引人关注，这方面也是国家战略思想中得到系统深刻表述的内容。而规避性向度则很容易被放置到次要的位置，且即便是得到论述，也不容易占据国家战略论述的突出位置。原因很简单。这就像人们论述国家建构时，不首先着力于论证国家结构如何搭建起来并怎样有效优化的问题，反而将国家崩溃或国家失败问题置于国家建构问题的前面，那就是一种在逻辑上显得先后主次颠倒的荒谬。国家战略上的倡导性向度和规避性向度具有重大差异，此如前述，前者是推动国家发展战略布局上积极考虑并想方设法加以实施的方面，后者则是国家维持其战略的兜底条件。两者的作用也大不相同：没有兜底的规避性向度，国家战略就不成其为推动国家发展的战略，反而可能导致国家的溃败与倾覆；没有倡导性向度，国家战略所要实现的目标就得不到凸显，就难以保障国家安全，无法提升国家品质与国际竞争力。

人们在讨论大国兴衰的时候，常常将德国、日本、俄罗斯的“崛起”作为制定与实施国家战略的典型案例来对待。其实，从严格的角度来讲，这些国家并没有什么真实有效的国家战略。这不仅是从它们的国家失败上已经得出的不易结论，而且也从它们根本不了解现代国家真正崛起与称雄的前提条件是什么上得到印证。究其原因，一是与它们把国家战略收缩为军事战略，把军事战略变成一个对别国的要挟手段或侵略规划有关。就此而言，这些国家远远没有达到现代建国的及格线。因为它们的国家战略仍然维持着古代战略的大思路。二是与这些国家对内未能让社会各要素相互匹配、合宜运转；对外总是采用一种战略冒进的方式，试图以军事霸主性权力获得国际领导地位。这样，国家就既没能整合好国内秩序，侵略性极强的国际政策一旦遭到国际社会的拒斥，它们便随即成为国际社会的“孤儿”或“弃儿”。这是一个国内政治与国际政治双重失败的结果。对这三个国家来说，它们在确定国家战略的时候，都心存一种占尽国家间竞争既得优势的急功近利态度：德国人在寻求现代国家崛起的时候，认为自己既不属于西方，更不属于东方，而是能够发挥东西方国家所有优势的国家：它以完全不同于西欧国家腐朽的资本主义，也不同于苏联的国家社会主义运动，谋求一种疾速的国家攀升局面，并试图以此赢得主导世界政治的权力。而从俄罗斯迈入近代门槛伊始，它就特别强调自己不同于西方的资本主义、也不同于东方的君主专制的欧亚主义路线，寻求一条既与西方的英美对抗，也与东方国家拒绝合作的特殊国家主义道路。作为东方国家的日本，以所谓东方殖民国家的代表自居，试图集合东方国家的力量来对抗西方国家的殖民主义做法。但这类以独特性来确立国家战略的做派，不惟难以整合起现代国家的国内秩序，也无法与国际社会平等打交道。结果不是它们以自己的国家战略意志重塑国际秩序，成为它们所希冀的强权国家，相反，国家在这样的战略图谋中，陷入战争危机或发展陷阱，最终断送了国家发展的大好前程。[①]

由上可见，寻求国家崛起的战略，不能仅仅从军事战略，以及围绕军事战略需要去组织经济活动与确立政治目标上着眼。这是一种兜不住国家发展底线的战略思维。一个后发国家，把自己的战略意愿直接转化为国家战略意识，再直接由单一的社会要素即军事力量来组织国家资源，展开其所谓的战略实施过程，结局必然出其意料，陷入无可挽救的国家败局。从现代国家战略史的角度看，先发国家理性渐进的发展战略，是在结果呈现出来以后才暴露其战略面目的，并不是在一种急于求成的心态中谋求霸权的结果；后发国家极易陷入一蹴而就的、寻求富强的“战略”思维陷阱之中。于是，一种无法扭转的操之过急定势，必定将其引上国家发展歧路。其一定会因为规避性向度的国家战略未保、倡导性战略遭到轻率处置，导致国家战略的溃败，引发难以挽救的国家危机。就此而言，在国家战略的谋划中，战略意识的自觉与战略行动的匹配，需要置入一个规避性与倡导性兼得的框架之中，进行综合评估。缺乏这两个战略条件的平衡性估价，国家的战略谋划必败无疑。

就国家战略的规避性与倡导性两个向度而言，国家战略的倡导性内涵简单而明了。任何国家真正具有合宜的国家战略，便是在倡导性向度上做到了两个必须：一是必须对现代国家的现代特质有一个高度自觉的意识和落实到位的实施。这就是国家必须坐实在最有利于聚集民心的立宪民主政体平台上，并以此去寻求经济的长期稳定发展、社会与国家的分流而治、经济与社会的平衡性发展等等。国家不能不顾自身的综合历史性条件，以所谓“弯道超车”的方式追求国家的疾速崛起与国际社会的领导权。这就势必让国家处在诸构成要素极不平衡的畸形发展状态，终究有一日会导致国家的失败或倾覆。二是必须有一个清醒的国家自我意识。国家战略的自我意识上不成熟，一定会束缚一国中人对国家的理性认知。像现代国家战略的典型失败者德国，在国家倡导性战略的前

① 参见［美］彼得·帕雷特主编《现代战略的缔造者：从马基雅维利到核时代》，时殷弘等译，世界知识出版社 2006 年版，第 633—660 页，第 685—713 页。

一任务尚未落实之际，就匆匆提出“世界历史的德国时刻”命题，并以此来组织整个国家的所有资源，将之付诸国际竞争过程与侵略战争行为，结果可想而知。只有像英国那样，历经数百年渐进过程凸现出来的国家战略，不仅对英国的国内秩序供给发挥了足够的保障作用，也让英国得以成为“日不落帝国”。进而，只有像美国那样，并不占有别国一尺一寸土地，却以其成为创新性国家而保有相对稳定的国内秩序，并发挥国际示范的作用。在国家战略的倡导性向度未能凸显并得到落实的情况下，国家战略意识与社会诸要素的适配问题就得不到解决，国家战略就会以失败收场。

现代建国很容易陷入一个误区：由于先发现代国家在进入国际社会的时候，以一个强大国家的面目示人，后发国家很容易以一种艳羡的心态去袭取先发国家已经显示成效的一些做法。但在模仿这类做法的时候，又常表现出一种浮于表面的“理解”，而不去深究强盛国家之所以强盛的深层理由，结果就陷入东施效颦的错谬之中而难以自拔。因于这样的定势，后发国家常常会误认为国家崛起就是国家军事力量的强大，就是对别的国家能发起战争并赢得胜利。这种极为肤浅的国家战略认知，长期主导了后发现代国家的战略意识。

德国的例子很能说明问题。为了追赶欧洲强国英国的发展步伐，德国人以“铁和血”的方式统一了国家，以“强有力的”帝国建制来推动国家的称雄进程：从神圣罗马帝国起始，历德意志第二帝国，遭遇第一次世界大战的败局以后，中经短暂的魏玛共和国，进入军国主义阶段的德意志第三帝国，终于在第二次世界大战结束时彻底败下阵来。然后就是东、西德的长时间分离，直到20世纪末期实现德意志的再统一，德国至此才成为一个建立在立宪民主政体基础上的正常国家。所谓“德英之争”，德国人不过学了英国人的皮毛，强盛其表，虚空其里——内政不修，未能建立起真正有利于国家崛起的立宪民主政体，不足以有效聚集人心，而以煽动和鼓噪魅惑大众，结果民族主义、爱国主义成为纳粹主义的利用工具；外交不成其为国家间的商贸文化交流，而成为以军事征服先导的赤裸裸战争行为。这种被收缩为军事战略的国家战略，一定会在民族国家时代落得个一败涂地的结果。两次世界大战的失败，给了德国人深痛的历史教训，以立宪民主政体安顿内政的国家战略，以及由此延伸出来的和平外交的国际战略，方始成为德国寻求真正强国的战略理念。[①]

日本是另一个值得人们警觉的例子。日本的历史，是一部积极向先进国家创造性学习的历史。在古代历史上，它向中国学习，而使日本文明的发展程度领先于东亚地区。在日益限于停滞与落后的近代边缘，日本开启了又一次重大转变：从现代知识的角度看，日本转而引进兰学，即由荷兰人带到日本的西方现代学问，而接受了现代的精神洗礼；从现代国家战略来看，日本没有仇视携坚船利炮而来的美国人，在“黑船来航”之际，毅然决然地决定接受现代工商机制，打开国门，积极学习西方现代文明。这两个重大转变，让日本一跃到东亚地区建构现代文明的先进位置。但这并不意味着日本就此确立了适当的国家战略，相反，由于日本在建构现代国家的时候，如同德国一样，错认国家的军事强盛是国家战略的第一要义，因此将国家发展引向歧路：在现代起点上，日本认为自己天经地义地是亚洲弱小国家战胜欧美帝国主义的不二之选，因此，不惜诉诸军事力量与西方国家开战。但他们缺乏反思的是，为了争夺这一代表权，竟然毫无道理地在中国的领土上与俄国打仗。也是基于这样的认知，日本进而不惜开辟第二次世界大战的亚洲战场，武装侵略亚洲国家，不仅给亚洲地区的不少国家带来战争灾难，而且因为自不量力地对美开展，最终输掉战争，让日本至今还难以成为一个自己所期待的“正常国家”。好在日本同德国一样，在国家重建之际，终究还是接受了现代国家战略中的倡导性内容，让国家可以运行于现代的轨道之上。“日本虽然在太平洋战争中惨败，但就总体而言，在国际政治的惊涛骇浪中还是机智地把握住了方向。当然，这也是由日本人特有的‘洞察力’所赐予的。尤其是明治时代的领导者们，都具有非常敏锐的‘洞察力’。……‘洞察力’这东西和幸运一样，都是可遇不可求的。……对于那些在成功面前自我陶醉、过分相信自身实力的人们，上天决不会给予他们这种幸运和‘洞察力’，日本的历史也证实了这一点。”[②] 这里所谓的“洞察力”，正是来源于日本在明治维新、“二战”后的一个阶段对国家战略倡导性向度的自觉；所谓过分相信实力与自我陶醉，则是因为对国家战略的规避性

---

① 参见任剑涛《后发建国与帝国意欲：以德国为例》，转引自黄燎宇《北大德国研究》（第八卷），北京大学出版社 2019 年版，第 95—117 页。

② ［日］吉田茂：《激荡的百年史》，袁雅琼译，上海人民出版社 2018 年版，第 2—3 页。

向度缺乏醒悟导致的悲剧。

人们在对国家战略的类型上进行比较后，很容易发现，英美的现代国家战略不仅可以说是高度成功的，而且具有极强的示范性。这一方面是指两个国家稳定地确立起立宪民主政体，保证国家运行在一个认同度极高的制度平台上，另一方面则是指它们从传统帝国演进到现代帝国，到美国称雄世界的阶段，不以军事手段占领别国的一寸土地，而以国家创新体制垂范全球各国。前者，是英国以现代国家战略韧性推进的结果，为人类带来了规范与限制国家权力以保障其稳定有序运行的机制。从 1215 年《大宪章》到 1688 年的光荣革命，长达 470 余年的建构现代国家权力机制的努力，是世界各国都必须高度重视的、建立现代国家的政治战略成果。[①] 如果没有接受英国的这一现代政治成果，就等于没有迈过现代国家的大门门槛。王在法下、王在议会这类有力限制国家最高权力的方式，为国家成为保护所有成员权利的建制提供了大思路，这是真正有利于维护国家存在与发展的战略安排。一切没有完成这种规范与限制国家权力的战略任务的国家，不能被视为现代国家，不能被看作完成了现代国家政治战略布局的国度。那些自认为在国家主义的基础上可以建立稳定有序的国内秩序，聚集国内力量应对国际竞争的想法，在德、日两国的教训与英美的经验两端上，可以得到深刻的启发。规范现代国家权力，使其不能随意作为或胡作非为，是保证国家能够寻求持续的经济发展与文明升华的前提条件，这是一个不易的国家战略着力点。一切试图颠转立宪政治战略与市场经济发展、多元文化互动先后顺序的国家战略思路，都是不得要领的，也都无法真正实现国家强盛的战略目标。如果说英、美成为认知国家战略的倡导性向度的指标性国家的话，那么德、日两国则成为知晓国家战略的规避性向度的标志性国家。

俄罗斯是另一个混淆了现代国家倡导性战略与规避性战略的国家。这有两个意思，一是俄罗斯作为现代国家崛起之际，就未能明了现代国家的特质为何的答案，误将现代国家视为传统穷兵黩武的军事战略支配一切的国家形态。这就将现代国家与传统国家混为一谈，从根本上限制了俄罗斯对现代国家的战略

① 参见［英］威廉·夏普·麦克奇尼《大宪章的历史导读》，李红海译，中国政法大学出版社 2016 年版，第 218—234 页。

谋划。二是俄罗斯一直将对邻国领土的觊觎、侵占和抢掠，作为自己以强国崛起的首选战略。因此不断发动战争，抢占领土、扩大军备，让整个国家战略围绕军企集团的需要而运作，结果将健全的国家结构扭曲为一个畸形的机制，终究难以为继，发生国家战略的溃败，引发国家实力的衰变：这不仅体现为日俄战争的失败、二战与德交战的惨败、二战本身代价极大的惨胜、[①] 也体现为 1991 年的苏联解体，以及当下俄乌战争的失利。这一连串的国家战略失误，相对于德、日“二战”后的国家战略结构性调整带给国家的崭新运命而言，显得更为突兀。结果便是，俄罗斯既没有建构起现代国家的立宪民主政体，因此无法供给稳定的国内政治秩序，只好依靠强权来维持其国家持存；也没有经由价值与规则外交赢得真正的国际盟友，因此在需要国际同盟支持的时候，总是缺少坚定支持自己的真正盟友。相对于德、日二战后成功实现战略转轨，跻身现代国家行列而言，俄罗斯现代国家战略的失败，显得更为全面与彻底。

现代国家战略的倡导性向度相对于规避性向度来说，具有一种逻辑上的优先性。为了理解这一点，有必要强调，国家战略的规避性向度相对于倡导性向度所具有的实践优先性。所谓逻辑上的优先性，是指国家战略制定与实施上需要首先解决倡导性向度所要求的内政安排与外交规则，国家才足以务实追求其强盛的目标，如果诸如立宪民主政体、市场经济与宽容和合作文化精神尚未得到有效确立，国家便不计后果、不顾一切地去追求所谓强盛，那就一定会跌进国家战略的陷阱之中，终致国家的衰败或倾覆。所谓实践上的优先性，是指国家战略在制定与实施的实际过程中，需要首先规避种种陷阱，才足以寻求实现国家倡导性战略的种种目标。如果在实践上径自跌进种种必须规避的陷阱之中，国家战略的倡导性目标就变成不切实际的空谈。这两种优先性，自然都是一种学理上的分析性结论，因为在国家战略的实际制定与实施中，它们都是很难清晰区分开来，而混生在一起的。不过，如果面对这种混生而试图保持国家战略的清醒头脑的话，分析思维总是比混乱思维显得更有价值：唯有清理出国家战

---

① 人们曾经将苏联的“二战”胜利视为一个奇迹，其实，俄罗斯人自己清醒地看到，这种自我神化的虚构奇迹，需要认真反省，否则对国家的长期发展危害巨大：人们一直不能清楚认识到苏俄效率的低下以及对西方盟国的一味依赖。参见［俄］鲍里斯·瓦季莫维奇·索科洛夫《二战秘密档案：苏联惨胜真相》，张凤等译，江苏人民出版社 2009 年版，第 1—10 页。

略的制定线索与实施路线，国家战略的实施才不至于陷入一团乱麻、混乱不清的可怕状态。

三　四个陷阱

现代国家战略的倡导性向度已经由英美之类的国家呈现给世人，而规避性向度其实也由它们给出了要领：如果一个国家试图成为现代国家，在国家战略上一定要建立稳定的立宪民主政体、市场经济运行体制、基于同胞之爱的社会心理机制，由此尽力规避在国家战略上的集权专制政体与军事化取向、低效率的经济体制与成员间彼此不宽容的社会心理机制。这是一个从国家结构要素上而言的战略谋划。如果从国家运行上来讲，战略上在落实倡导性向度的要求时，不仅需要高度理性和妥协的精神，而且需要同时顾及国家战略规避性向度的一些基本要求，避免战略误判、战略冒进、战略透支与战略溃败，这样才能真正保证国家战略的倡导性向度的全面凸显，以及国家战略的规避性向度的有效抑制。由此可以说，国家战略的规避性向度有两个显示面：一是实质内涵上的显示面，二是运行状态上的显示面。如果说前者的内容早已经清晰呈现给世人的话，那么后者则是需要进一步分析的方面。在此，国家战略规避性向度的四个方面尤值重视。

首先是战略误判（strategic misjudgment）。所谓战略误判，就是对国家在长远与全局的处境上做出的错误判断。这是国家战略在规避性向度上最容易出现的失误。如果它仅仅是对国家战略的非核心问题，即当下即刻危害国家安全之外的问题做出误判，那还不至于发生太过负面的影响；但如果对涉及国家重大安全利益的战略问题做出误判，那就会对国家安危产生重大的不利影响。何以现代国家在战略上容易出现误判，因之很难落定到一个适宜的战略判断平台上，让国家实现长治久安且行使国际领导权呢？原因大约有五：一是国家的战略误判都是在复杂的国内外环境中做出的判断，因此各种影响战略判断的复杂因素很容易误导决策者；二是具体做出国家战略判断的领导者，受制于个人或群体的基本素质、决策经验与为政技艺等因素的影响，常常会出现大大小小的误判；

三是关乎国家战略的情景判断与长远判断之间有一种复杂的牵扯关系，一旦将国家利益放置在当下就看不到长远，反过来着眼于长远又容易凌空蹈虚；四是足以影响国家战略判断的不只是领导人，还有其他的直接或间接利益相关者，他们各自对国家战略问题的考量不一，因此相互之间的牵扯，容易导致战略误判。五是国家战略的直接判断者与间接判断者、眼下判断者与长远判断者之间的磨合不易，共识的合成就更难，结果让国家战略的判断出现不应有的误判。这种因战略判断的主客条件限制而导致的战略误判，为战略学家们所重视。由于一切战略行动都具有政治后果，因此，“他们可以增强或减弱一个国家达到其目的的能力；可以使之不明智地决意追求新的、出乎预料的目标；可以有计算失误或实施未果而导致盟友泄气，或者使得敌方获得新的支持”。[①]

在现代国家历史上，英国将国家安顿在立宪政体上的尝试为各国垂范。但英国并不是一开始限权，国内各方就意识到它的重要性，并欣然同意这一制度安排。1215 年约翰王在贵族的强大压力下被迫签署《大宪章》，一旦他转危为安，便发动了对贵族的清算行动。此后差不多一百年左右的时间，英王根本就将这一文件束之高阁，不予理睬。直到 1640 年叛乱后的实质性专制复辟，借助 1688 年“光荣革命”，英国才请回威廉·玛丽夫妇，废掉专制君主制度，终于将国家限权的战略问题予以解决。在这一历程中，貌似英国人非常聪明睿智，每一步都走对了，但实际上关键的两步走得都很糟糕：1215 年的贵族没有想到约翰王的翻云覆雨，[②] 而 1640 年的叛乱者没有想到权力一落到克伦威尔手里，瞬间也变成专制权力。[③] 当其时的局中人，就是因为出现了战略误判，导致战略预期目标的倒转。

比起先发现代国家来讲，后发现代国家在战略上更容易出现误判。这是因为，后发国家处在一个国家间竞争的高度紧张状态中，没有那么充裕的时间、那么巨大的空间和那么丰富的资源去精心判断自己的战略处境，并相应做出适宜的战略判断。在紧张的国际环境中，先发现代国家逼使后发国家开放的强大

---

① ［美］彼得·帕雷特主编：《现代战略的缔造者：从马基雅维利到核时代》，时殷弘等译，世界知识出版社 2006 年版，第 467 页。

② 参见［英］威廉·夏普·麦克奇尼《大宪章的历史导读》，李红海译，中国政法大学出版社 2016 年版，第 221—222 页。

③ 参见［英］保罗·莱《英国共和兴亡史》，祝晓辉译，天津人民出版社 2021 年版，第 17—40 页。

压力，国内推动变革与保守传统的激烈拉锯，都增强了国家战略决断的失误概率。在这种紧张处境中，能够做出准确的战略判断是极其罕见的。以日本为例，在佩里将军率黑船来航之际，日本所做出的战略判断是及时准确的。直到今天，日本还在横滨港修建佩里纪念馆，使人不得不佩服他们对现代所具有的卓绝见识。但日本在“二战”时做出的攻击美国的战略判断，则是显见的战略误判结果。在发动珍珠港袭击行动之前，日本军方看到，由于日本深陷经济与政治动荡之中，已经满足不了日本民众在战争初期那种很快就能制胜的心理需求，因此需要对强敌美国采取致命一击的行动，来振起民心，扭转战略不利处境。但那些对日本战略处境有真正了解的国人深知，对美战争毫无取胜的把握。尽管如此，军方还是放手发动了珍珠港袭击行动，这是导致日本“二战”失败的重大事件之一，是日本显见的战略误判案例——这不仅是日本“二战”战略的败笔，也是日本长久以来敌视西方导致的战略败笔。①

导致后发现代国家战略误判最重要的原因在于：后发国家所处的内外环境的高度紧张，不仅让他们不知道如何妥当地应对国内外局势，更为糟糕的是，让他们完全不知道自己应当建立一个什么国家，应当怎样去匹配国内国际的诸社会要素以实现其国家强盛的战略预期。后发国家的战略误判，几乎都是因为寻求富强的战略意愿遮蔽了国家战略的理性决断目光所致：它们一不问国家政体只问国家强大，结果将国家强大的政体之本遗落掉了；二不问内政修否只问外交进取，结果便将国家间竞争单纯视为军事强弱之比。于是，后发国家大多行走在从国家主义到军国主义的道路上，这不仅无助于国家战略的倡导性向度的凸显，相反以对国家战略的规避性面相的遮蔽，将国家引向万劫不复的深渊。

简单地讲，国家战略在国家自我认知错误、诸社会要素不相匹配的情况下，单纯追求国家的快速崛起和发挥国际主导权，就必然造成战略误判。因为准确的战略判断，是以前两者作为后者的前提条件。国家精准的自我意识，社会要素的恰相匹配，才有望促成一个强大国家并发挥国际领导权。这是一个国家战

① 参见［美］堀田江理《日本大败局——偷袭珍珠港决策始末》，马文博译，新华出版社 2014 年版，第 1—18 页。

略促使其顺应性崛起，而不是怨恨性崛起的正常路径。[①] 一旦一个国家陷入怨恨性心境，战略误判很容易重复出现：由于这个国家长期认为自己遭到了其他国家的羞辱，它便会发誓报一箭之仇，结果就在这种复仇心态中一再误判自己的真实处境与有效对策，一把国家战略收缩为军事战略，二把军事战略收缩为怨恨行动，或退守而恨，或进取而攻，结果对国家发展带来不可估量的损害。在现代国家演进史上，民族主义、民粹主义、军国主义是造成一个国家战略误判的精神根柢。它们促使一个国家自我意识的膨胀，不顾国家的综合实力而强行推进误判基础上的国家战略，于是催生另一个战略失误——战略冒进。

所谓战略冒进（strategic recklessness），就是一个国家高估自己的国家实力，认定自己具备强大的国力，急于行使国际领导权导出的状态。战略冒进是国家战略制定与实施时国家丧失理性能力的必然结果：一是当国家权力当局极力鼓噪国家崛起、诱使民众陷入群情激奋的狂热状态，当局一定会不顾一切地满足公众称雄世界的愿望，去发动本无望致胜的国家行动；二是国家权力当局与社会公众都陷入斗志昂扬的激亢状态时，针对国家保持理性状态发出的呼吁，就会被认为是国家的叛徒，而被权力与公众共同掐灭，结果国家行动就不管不顾地往条件允许的行为之反方向滑动，最终一边倒地采取冒失的行动，终致国家利益不保，陷入危险状态，甚至是彻底倾覆。

在所谓修正主义史学理念的引导下，出现这样一个说法：如果希特勒不发动第二次世界大战，他将是德国历史上最伟大的领袖。何以如此呢？因为希特勒执政，从 1933 年上台到 1939 年全面发动“二战”，德国的 GDP 增长令人瞩目，在欧洲发挥的经济引擎作用也是有目共睹。他受到当时德国重要的哲学家、政治学家、法学家如海德格尔、卡尔·施密特这批人的极力恭维。希特勒被认为是历史罪人，与他发动第二次世界大战直接相关。倘若他循沿上台时的治国理政路径走下去，他就不会因贸然引战而犯下滔天的历史罪行。修正主义史学的这一说法是错误的。希特勒的军国主义战略，并不是一个推动德国走出一战困局且重新崛起的合理战略。这一国家战略，是德国根本无力支撑的战略进路，

---

① 参见任剑涛《国家的怨恨性崛起与全球失序》，《四川大学学报》（哲学社会科学版）2022 年第 1 期。

纳粹建立起如此庞大的军事机器，一定要借助侵略战争才能运行下去，军国主义的理念一定会呈现为扩张主义的国际行径，两者是内在贯通的。人们绝对没有理由设想，希特勒在收到经济发展之效后就会见好就收。一旦进入战略冒进的轨道，它就只会循沿这一冒进的轨迹前行，将其内在的扩张性与侵略性充分释放，只有遭遇败绩，它才会收场。如果战略冒进显示不出扩张性和侵略性，就只能昙花一现，收不到相应的战略效果。纳粹德国对外发动战争，乃是其国家战略意识上不顾自己的环境条件和国家状况作出误判之后，一定会出现的战略冒进。这两者之间有一种因果关系：随战略冒进必然出现的战略冒险，在初期阶段常常收到意想不到的成功，这会大大鼓舞战略冒进者，最终必然会诉诸战争来满足战略冒险中日益高涨的战略冒进期待。“希特勒心怀自己不可战胜的神话，加快了德国占领欧洲、称霸世界的步伐。‘威胁和警告不能阻止我走我的路，’他于1936年3月14日在慕尼黑宣布，‘是上天为我指定了这条路，我只是凭着梦游者般的本能行事，从不犹疑。’”① 此刻，哪里还看得到纳粹德国及其领袖人物希特勒的一丝丝理性判断能力，上天眷顾与本能行事的碰撞，必然将战略冒进者引向日暮途穷境地。

在一种比较弱的意义上讲，当一个国家对自己所担负的世界使命和人类使命的意识有了自觉的时候，它就可以开始发挥国际领导权。但这种发挥却不能是急于求成的。一个国家认定自己还需要蓄积力量的时候，会出现战略失措的另一种可能，就是国家战略龟缩。所谓国家的韬光养晦即此意。纳粹初登德国政治权力舞台时，致力蓄积国家力量，拼命以军企集团发展经济，以此对内进行整合，重振第一次世界大战失败后显得非常衰微的民族信心。此时的纳粹德国，并不是一个急于行使国际领导权的战略冒进之国。这不是说战略龟缩就此成为纳粹德国的国策，它不过是在寻求重返国际社会并发挥领导权的机会。希特勒在《我的奋斗》一书中描述的治国理念，一是对西方的资本主义、自由主义嗤之以鼻。他认为资本主义国家涣散无力，没有秩序；一心谋利，低级趣味。对马克思主义也极尽攻击。二是倡导一种由领袖鼓动的国家社会主义理念，那是一种基于军国主义、种

① ［英］理查德·J. 埃文斯：《当权的第三帝国》，哲理庐译，九州出版社 2020 年版，第 643 页。

族主义的国家战略理念。这一理念，成为纳粹德国后来军事扩张政策的指导思想。可以说，纳粹德国掌握德国政权之初的那种整顿国内秩序的做法，相对于此前德国发动第一次世界大战时的国际政策上的主动出击，是一种收缩。但这种收缩不过是为下一步的战略进攻进行准备的步骤而已。

战略龟缩是战略冒进的一个必要步骤。如果没有战略龟缩，一个国家以一种弱者的身份进入国际社会，就想发挥国际领导力，那简直就是异想天开。龟缩是为了实现强国，冒进是由于取胜心切。前者关注的是国内政局，后者留意的是国际优势。国内做大做强，是为了国际称王称霸。龟缩不是目的，冒进才合逻辑。在第一次世界大战与第二次世界大战之间，一个被协约国彻底击溃，并被瓜分国土，身负战争赔款的战败国，德国根本没有发挥任何国际领导权的资本。当时德国国内民心颓丧、经济不振、国力不济、政治衰败。魏玛德国根本无力成功建构一个立宪民主政体，《魏玛宪法》虽好，魏玛却难以成就共和业绩。趁乱而起的国家社会主义德国工人党即纳粹党，以对腐朽资本主义的大力抨击，对狂热爱国热情的煽动，对种族主义的极力鼓噪，对军国主义的大肆宣扬，攫取了国家权力。并在1939年发动第二次世界大战之前，以其先国内重振再国际称雄的战略谋划，埋首国内的强权建构。当其自认战略龟缩的目的已经达到，可以转为战略进取之时，纳粹德国便毫不迟疑地发动了对外战争。① 而对战争胜败的判断，不是依赖战略预见，而是仰仗赌徒行动，最后结果，可想而知。

由此可以说，一个国家在采取战略龟缩，从战略龟缩转变为战略冒进的战略举措时，它自认为精准的战略判断，其实只是被装饰了的战略失误。无论是战略龟缩还是战略冒进，都是因为采取这样的战略举措的国度，没有形成理性的国家自我意识，因此在自认不能挑战国际既定秩序的情况下，所采取的一种与自己国家理性定位不相称的战略举措；跳到另一个极端，当其认定自己已经具有足够实力挑战国际秩序的时候，它便会毫不犹豫地采取战略进攻的举措。当其时，战略龟缩不过是表明国家试图发挥国际领导权却不到火候时的忍耐，而战略冒进不过是宣示国家战略不计工本地进取的狂热。这实际上是一个双重

① ［英］理查德·J. 埃文斯：《当权的第三帝国》，哲理庐译，九州出版社2020年版，第617—672页。

失误的局面。在这种情况下，从战略误判到战略冒进，在战略上都是因为丧失了预见性的结果。因此，战略透支的失误一定会尾随而来。

因为战略误判、战略冒进没有战略预见性，从而一定会导致战略透支（strategic overstretch）的局面。所谓战略透支，就是一个国家尚不具备与其称雄世界相匹配的战略储备，但却强行地推进其雄心勃勃的战略计划，从而产生战略欠账。国际政治理论学者对战略透支做出了准确界定，“一个大国在执行一项扩张性对外战略时，战略投入显著超出自身的资源承载和动员能力，必须以损耗其他战略目标的方式持续汲取额外的内部和外部资源，导致其短期和长期战略目标难以达成，最终出现国力损耗和衰退”。[①] 由于资源汲取与资源消耗之间不匹配所造成的战略欠账，对一个心生超过国家能力的称霸雄心的国家而言，绝对是一桩悲剧性的事情。因为这样的战略透支，表明这类国家没有理性的国家意识，没有资源的适配能力，没能对诸社会要素进行合理配置，因此在内外政策上一定会处于失衡状态，最终导致国家战略的严重失误。其结果，轻则耽误国家发展进程，重则造成国家倾覆。

一般而言，国家在运行上必须自觉杜绝自认居于国际社会领导地位的误判，倘若不顾国力，硬充国际领导者角色，它就不能不透支自己根本不具备的战略资源，引发战略透支危机。一国出现战略透支，常常是因为，这样的国家以精神上的自我膨胀、虚张声势来煽动民心，让煽动者和被煽动者都误以为国家实力强大，足以向外扩张，且贸然采取大规模的军事行动。这是一种实功虚做的状态，是国家战略透支的决定性原因。对现代国家来说，在国家自我意识上，那些总是想不自量力地在世界历史上留下深刻印记的国家，如前述德国心心念念的“世界历史的德国时刻”，便是造成国家战略透支的民族深层心理动力。在国家的战略透支中，一个最重要的导因就是国家权力对社会心理的极度诱导，这就是所谓“民心可鼓不可泄”。这是一种在精神上凝聚国家的做法，但它并不保证国家就具有与鼓噪起来的沸腾民心相称的实力。结果必然就是精神上的狂躁与实力上的不济错位情况下的国家战略透支：在民众精神上，不断受到国家

---

① 刘丰：《战略透支：一项概念分析》，《战略决策研究》2017 年第 3 期。

权力鼓动的社会心理，一定会酿成公众精神资源的透支——对任何一个国家来讲，它根本不可能满足狂热的公众意愿；这也就必然变成国家在物质资源上的透支，因为一国为满足公众意愿展开的政策实施过程，一定会因为物质短缺而力不能支；进而，当一个国家意图以一国之力挑战一个地区甚至是挑战全球秩序，它就一定会陷入资源匮乏的窘境。换言之，一国的狂躁，一定会将之驱入战略透支的困境之中。在战略透支的情况下，一个国家要么及时地调整战略，采取战略收缩的办法，将国家行动调回与其综合国力相称的状态；要么以更为激进的办法，坚持将战略透支的政策贯彻下去，终致国家战略溃败，诱发国家危机，导致国家倾覆。

第二次世界大战中，德国也好、日本也罢，都是在战略透支中走向了战略溃败，并最终导致国家遭受覆灭性打击。在这中间，德国国家战略的复仇驱动引人瞩目：纳粹煽动民众的复仇心态，民众狂热期待对一战的雪耻，两相扣合，促成了二战前德国那种不顾一切地扩张政策。其战略上重蹈以一国对付多国的误判，而对德国实力力有不逮缺乏准确估价，自信可以推翻一战后的国际秩序，并建构起符合德国意愿的新型国际秩序。自明治维新以降，日本逐渐形成了自认代表亚洲弱小国家抗拒西方强权的认知定势，且在日俄战争战胜俄罗斯之后，代表亚洲战胜强权的心态更是固化。二战时，日本以建立所谓“东亚共荣圈”为名，出兵亚洲多国，并打定进攻美国的主意。即便日本军队的将官们都很清楚，他们并不具备挑战美国的实力，但日本需要一场在军事上战胜美国的作战奇迹，来鼓舞亚洲战场上的日军士气。显然，日本陷入与德国一样的战略透支情景之中，但他们不得不犯险而为，明知没有取胜把握，却执意以头撞墙。因此，日本以一国之力侵略亚洲多国，本已无法长久支持；进而以偷袭珍珠港将日本拖到与美国直接作战的险境。日本在“二战”中的失败，已经在这样的战略透支中注定。德日两国的“二战”战略说明，一国采取战略透支的方式处置国际事务，偶有意外惊喜，但没有最终取胜的可能。因为战略透支基础上的战略冒进，最后必然导致战略溃败。

战略溃败（strategic collapse）是战略误判、战略冒进与战略透支的必然结果。这是一条战略失误的蜕变线索：当一个国家支撑不了战略上确立的伟大目标和战胜敌国的雄心壮志，它的雄心一定是对国家未来做出的战略误判，而建立在战略误判基础上的国家行动，相应肯定会陷入冒冒失失推进相应国策的战略冒进，而战略冒进的必然结果就是战略透支，最终在国家资源力不能支的情况下，落得个战略溃败的悲惨结局。陷入战略溃败的国家，一个显著的表现就是，国家战略被赌徒心理所支配：为了赢得既定国家战略确立的胜利目标，不计一切工本，不惜一切代价，赌得赢便中大运，赌不赢便输得精光。一个直接的后果就是，从雄心勃勃的战略扩张打回未尝生发国家雄心时的原形，甚至倒退到国家衰颓或倾覆的悲壮地步。① 之前一切试图让国家崛起为全球强国的战略部署，彻底崩盘，不仅未能发挥丝毫的推动国家强盛的作用，相反让国家为之付出沉重代价。

初登国家政治舞台的第三帝国，以其极左的方式煽惑民众，让国家雄心达到了爆棚的状态。后来的国家溃败，让德国彻底丧失了自信心。“二战”以后，德国和日本不再有称霸世界的雄心，因此避免了国家战略上的误判、冒进和透支，国家寻求一种经济社会的专注性发展，结果反倒使两国再次以经济强国的面貌惊艳地出现在世界上。从德国的情况来看，由于“二战”后的国际政治安排，让德国分裂为两个国家，东德的经济发展颇为糟糕，而西德的经济发展令人侧目。从总体上讲，在各自的政治阵营中，两德的状态可称满意。仅就西德即联邦德国的发展态势来看，由于立宪民主政体的确立，曾经长期困扰德国健康发展的政治体制与经济机制的不适配问题得到了解决，联邦德国几乎是重起炉灶地致力于国家的现代重建。这让联邦德国逐渐建立一个国家创新体系，成为全球范围内令人称羡的创新型国家。② 就日本的情况来看，战后立宪民主政体的确立，为社会经济科技教育的稳健发展提供了政治保障，国家不再受天皇崇拜、军国主义的折磨，由此促使大规模研发的开展，科学技术的发展令人瞩目，技术创新与产业发展相携出场，国际竞争策略选择适当，这让日本从现代技术

① 第二次世界大战的决胜阶段，盟军对德国、日本的大轰炸，几乎将两国的工业基地夷为平地，两国打下的牢固工业基础毁于一旦。参见［美］斯塔夫里阿诺斯《全球通史：从史前史到 21 世纪》（第 7 版），董书慧等译，北京大学出版社 2005 年版，第 718—724 页。

② 参见［美］理查德·R. 尼尔森《国家（地区）创新体系：比较分析》，曾国屏等译，知识产权出版社 2012 年版，第 158—180 页。

的跟随者、模仿者一跃而为现代技术的引领者。[①] 可见，国家战略的溃败，并不见得是完全消极的事件：国家从战略溃败中汲取教训，转而在国家战略的倡导性维度，致力强化国家的立宪民主政体建构、市场经济发展、科学技术创新、工业生产的精益求精、社会福利的沉稳布局，国家的崛起反倒具有充分的保障。今天的德、日两国，没有表现出称霸世界的国家雄心，也不寻求在国际社会发挥绝对的领导权。人们甚至讥讽两国愿做世界政治中的“小国”，心甘情愿地做美国的尾随者，德国和日本似乎变成了有点无奈的国际角色。但两国反而因此居于国际社会发展的前沿位置，而不像两国在“二战”期间那样外强中干，让国家陷于战争的无边苦海与国家倾覆的危机之中。可见，国家战略溃败的教训是非常沉痛的。从逆推的角度讲，一个国家试图有效避免战略溃败，首先必须避免战略误判、战略冒进、战略透支，否则，国家战略就会处在一个因战略误判，逐渐深陷战略冒进、战略透支直至战略溃败的险境。国家战略的溃败，除了对国家雄心、国家实力造成极大伤害以外，最糟糕的是造成国家发展锐气的丧失。对任何一个现代国家来讲，这都是避之犹恐不及的事情。

四　规避的条件

在国家战略中，如果其倡导性战略想要真正落实，从而有力推进国家发展，跻身世界强国行列，并发挥国际社会的领导作用，确实必须落实立宪民主政体、市场经济体制与多元文化机制。这样的倡导，是为真正长期发挥国际领导力的超强国家的经验所证明了的国家战略倡导性向度。同理，在国家战略中，其规避性向度要真正成功地予以避免，应该具备哪些必要的或基本的条件呢？如前所述，满足两个规避要求：一是规避政治上的集权与专制体制，经济上的统制经济形式，文化上的封闭自守与自恋主义。这是国家战略规避性向度的实质指向。二是国家战略规避性向度的形式性指向。如果说国家战略规避性向度的实

① 参见［美］理查德·R. 尼尔森《国家（地区）创新体系：比较分析》，曾国屏等译，知识产权出版社2012年版，第132—134页。

质指向是很容易为人所把握的话，那么其形式性指向反而是相当难于把控的。原因很简单，这类形式性指向，看似在前述四个陷阱面前睿智止步，似乎就可以成功避开国家战略的误区。其实，这是一个相当粗率的认知。因为将国家战略的倡导性指向作为积极行动方向来讲，不是每个国家都可以轻而易举地做到的；而成功避开国家战略的规避性指向，更是绝大多数国家所难以做到的事情。前者的垂范，让大多数国家可以了解成为一个成功的现代国家所必须完成的任务；后者的教训，让所有国家可以知晓避免国家战略败局的要领。然而，非常反讽的是，大多数国家既完成不了国家战略的倡导性要务，也无法避开国家战略的规避性要求。结果就是，成功实施的现代国家战略积极规划不多，有效避免的现代国家战略失误亦少。

试图成功规避现代国家战略的失误，首先需要在国家战略的结构布局上，对国家自身有一个准确的自我认识。对于现代国家来讲，其形式结构上的民族国家形态，实质结构上的立宪民主政体，两方面都存在容易掉落其中的陷阱：就前者讲，以民族国家建构所必须的民族主义而言，一种弱的民族国家、国家主义的精神动员是建国所必需的。但民族主义（nationalism）和国家主义（statism）是国家动员的双刃剑。一旦越过国家动员的必要限度，它就会对国家建构、国家发展造成机体性伤害。国家建构维度的必要民族动员和国家认同呼吁，必须与过度的相关动员方式，如纳粹的那种极为过度的动员方式断然切割。就后者论，立宪民主政体是现代国家的规范结构，这是人们心知肚明的事情。但大多数国家的掌权者并不愿意放弃特权，而与国民共同分享国家权力，因此常常知而不行，甚至是反其道而行之，走上集权专制之路。两相悖反的国家道路选择，便将现代世界区隔为民主与专制的二元空间。前者常常在国家战略的倡导性维度示范他国，而后者则大致给国家战略的规避性向度示警。

人们对民族主义一般会怀有警惕。但如果简单将民族主义视为有害观念，那就是一种政治幼稚病。如前所述，对现代国家而言，民族主义、国家主义是国家动员的精神工具，是一个国家不可不用的价值杠杆、精神桥梁，国家建构一定会借助于它。这涉及一个国家自我维系的、起码的民族认同和国家认同问题。如果不以之对国家认同进行适度动员，国家就缺少必要的价值驱动力、精神凝聚力。作为发达国家主流动员方式的自由主义的民族主义模式，强调在民族建构时的先设条件——个人权利的优先性。因此以个人权利为基础、而不以任何群体单位为民族国家的建构基础。民族的历史文化和传统习俗因素自然会影响国家的建构，进而作用于国家战略的制定与实施。但即便如此，民族国家建构的民族单位，仍然会对国家建构发生重大影响：如果一个民族（nation），尤其是政治民族（political nation），没有一个民族国家（nation state）作为依托，它就不可能催生一个国家的认同（national identity）。原因在于，国家权力结构对哪些人有效、又如何有效，它需要在国家（state）之前先行建构一个相宜的主体人群，那就是民族。这样才会有民族国家的继起性建构。一个多民族国家，不是一个建立在多个自然族群、社会民族基础上的国家，而是建立在一个统一国族（state nation）基础上的国家。这个民族国家是以国族为中心，而不是以自然族群、社会民族为中心的。[①] 在最严格的意义上，全球范围内没有一个单一民族建立的国家。即如人们习惯于将日本看作是一个民族、一个国家的典型，但实际上日本的民族构成也是复杂的，尽管大和民族占据绝对多数地位，但也还有占人口比例不低的少数民族、混合民族。[②] 既然在全球范围内建构的民族国家，几乎不可能是一族一国，那么在国家意义上讨论的一族（one nation），就是政治民族（political nation），即人为建构的民族；一国（one state），就是立宪民主国家（liberal constitutional state）。民族之间的关系如何处理，同个体与国家之间的关系如何处理，成为国家尝试建立理性自我意识的首要支撑点。

个人与国家、民族与国家这两个平衡点不能偏废。民族与国家的关系，是国家形式建构的必要支撑点；个人与国家的关系，是国家立宪建构的必须支撑点。两个支撑点的向度不一样，支撑的结构也不一致，但对民族国家的规范框架的长期维持，都具有不可缺少的作用。从规范结构上讲，国家一定要强调个人权利的不可侵害与民族动员的内聚性。但与此同时，为了国与国的友好相处，“万国之上犹有人类在”的理念必须加以强调。换言之，超越民族主义、民粹主

---

① 参见任剑涛《族群、民族与国家：“中华民族”话语的理论追原》，《党政研究》2023 年第 6 期。

② 参见［日］小熊英二《单一民族神话的起源：日本人自画像的系谱》，文婧译，生活·读书·新知三联书店 2020 年版，第 1—3 页。

义的国家体系自有其不可忽视的重要性。在这个世界上，任何一个国家在自我意识上一定要明白，它必须与它喜欢和不喜欢的其他民族国家打交道。民族国家之间的关系，不是一个你死我活的关系，国家间的游戏不是零和游戏。因此，在国家战略上动辄诉诸战争手段来剿灭其他国家的选项，就应当处于自觉克制状态。国家间关系的调适，更多地应当诉诸妥协、谈判、订约，各得其所，和平共处。在国家意识上，我们喜欢的那些民族与国家，不能成为我们的崇拜对象；我们讨厌的那些民族与国家，不能成为我们消灭的对象。这是两个必须谨守的国际关系原则。

其次，需要对国家动员的程度有一个合理估价。在这个世界上，一个国家尊重其他国家的领土主权、人民的自主选择、理性和平的交往原则，是国与国之间交往时必须持守的底线原则。联系前一方面，把握住国家意识的两个基本点：一是要理性接受民族主义的动员，但不能过度；二是要心怀国际主义和世界主义想象，但不能忽视民族国家的基本界限。把握好这两个边界，对任何一个国家来说都是非常不易的事情，但只有不成熟的国家才会无视这两个基本点。对于一国的公众来说，唤醒这方面的政治意识自觉，还任重道远。同时，在一国的战略谋划中，倡导性向度的指标坐实，规避性向度的成功显现，需要国家制度建构和国际制度建构相携前行。国家的正常制度建构，需要让这个国家落实在尊重基本人权的制度平台上，塑就一个依宪治国的、强有力的国家制度框架；经济上尽力以市场经济寻求可持续发展；文化上确认多元互动、相互尊重的理念，而不是自认优越与唯一；社会上趋近于理智、理性和平和，而不是一味鼓噪和激越亢奋；军事上要强调它只是政治的延伸和最后手段，而不是最先动用的国家间关系的调整手段；外交上要强调国家间的友好往来，取长补短，寻求双赢。在这些条件具备的情况下，国家才有望避免陷入狂热状态，丧失国家战略的方寸。

当然，国家意识形态的动员也是必要的，但不能过度。现代国家必须严格避免意识形态化，因为意识形态化就使得国民像吸食鸦片一样莫名疯狂，国家行为就不可能趋近于理智和理性。而反过来，国家意识形态化动员起了副作用，一定会反噬国家权力，让国家权力的行为陷入躁狂状态。二战时的日本，军国主义者在国内鼓吹他们一定能战胜美国，结果日本军方不去攻打美国的话，日本民众就不能接受。因此，日本军方明知道会败给美国，还采取偷袭的方式去攻打美国。日本对美国的开战，成为“二战”的重大转折。美国全面参战，变成了日本陷入战略败局的转折点。所以，一个国家尤其是权力当局，不要以为民众被煽动起来就可以尽情地利用他们，民众也会反噬国家，给国家带来意想不到的困局。① 在现代国家的基本制度上，国家与公民、社会如何理性互动，是遏制国家战略失败的一个决定性条件。所谓“决定性条件”意味着：当国家不理智的时候，社会可以保持理智的声音，提醒国家权力，不要对社会进行肆意煽动；而公众鼓噪战争时，国家权力应该启动它的理性化机制，让公民归于理性和宁静；当国家和公民双方都处在情绪化状态的时候，国家的大失败就是不可避免的结局。从“一战”到“二战”，直至今日，国家间的竞争胜败，无数的事例可以证明这一点。

再次，需要准确掌握国家和全球治理的技艺。如果说政治就是一门艺术，那么一个国家，尤其一个现代复杂的、人为设计的国家，更需要高超的治理技艺，才足以达到善政良治的状态。国家自我意识或国家理性与该国中社会诸要素需要精巧匹配，国家才处于一个可治理的状态。实际的国家治理过程，需要有充分的社会公众和国家精英集团的理性动员，双方都必须对国家运行及国际处境保持高度的警觉。这不是一件容易做到的事情。在国家战略的布局中，一开始人们容易保持警觉，国家发展起来了，就增大了陷入癫狂的风险。一旦人们为国家发展或崛起而陶醉，那么陶醉就必然导致社会的癫狂。前述德国、日本、苏俄的那种国家战略失控状态，就是因为国家短时间的飞速发展，让其理性无以保持，结果在陷入普遍的精神颠踬状态时，国家就行走在一条显见的歧路上而无以逆转。

对任何一个现代国家来讲，需要领导集团、精英阶层与社会大众在观念和行为上保持戒急用忍的态度，能够将国家发展中诸要素的战略性、全局性、长

① 堀田江理指出，“二战”时日本的战略研究机构清晰地认识到：“如果日本与美国开战，日本必败无疑。如果爆发战争，日本很可能在初期几场战役中占据上风，但随后将拖入持久战，日本将看到自己的资源不断消耗并最终用光。”但民意不可违、军方意见也占据支配地位，最终在公认必败的情况下，日本还是发动了珍珠港攻击行动。参见［日］堀田江理《日本大败局——偷袭珍珠港决策始末》，马文博译，新华出版社 2014 年版，第 151—163 页。

远性问题凸现出来，相互之间积极互动，促成一个保持国家长期、稳定与协调发展的制度机制。这是需要一国人群随时心怀忧惧的事情，不可以儿戏视之。如果从权力当局、精英群体到社会公众方面，人们都拒绝理性思考，都陷入激越情绪之中，并为轻薄的乐观心理所支配，那么，国家的前景就绝对堪忧。这就是“人无远虑，必有近忧”的道理。一国中人，必须痛切地反省，动心忍性地剖析国家机制，认准国家战略上的倡导性与规避性意涵，才足以真正实现其保持国家长期发展并发挥国际领导权的雄心。诚然，一个具有战略眼光的国家，不仅会在成功中自我鼓舞，也会在失败中吸取教训。前者的道理是“百尺竿头，更进一步”；后者的启发是“吃一堑，长一智”。在现代历史上，不知有多少国家在成为稳定的发达国家前栽了大跟头，又有多少后起的发展中国家因为没有汲取先发现代国家的沉痛教训，而不断在同样的国家事务上惨痛跌倒。可以毫不夸张的说，在国家战略失败的无数案例中，后起的国家基本上没有吸取前起的后发国家的教训。这样的历史记录基本上是零。从欧洲到亚、非、拉美，不断地出现走上先发国家战略失败道路的负面个案。最具醒神的案例是，凡是建立在仇视资本主义经济发展方式基础上的后发国家，一无例外地在国家取得一些发展成就的时候，出现一味崇尚公有制的癫狂，清算资本、归罪市场、煽动民粹、敌视理性，结果便是国家发展的倒转，甚至是直接导致国家发展的中断。今日南美困局是一个基本样本，其他地区可能正在按照南美剧本上演同样的戏剧，这真是值得高度警惕的情形。

在现代国家发展战略上，推动企业家与市场主导经济发展是不二之选，如果稍有发展、预见困难，就宣布没收资本、充公财产，结果就是国家权力的无限度扩张、随意侵入市场与社会领域，国家权力体系自身成为国家发展的最大障碍。为此，人类需要接受权力平等的第二种形式：第一种形式是有多大政治权力就有多少利益相随，第二种形式是有多少资本就可以享有多少权益。在漫长的权力哲学（Philosophy of power）演进中，人们对权力与利益的直接勾连似乎已经习以为常了。这是需要矫正的传统政治平等思维。相应地，人们对源于资本的权利哲学（Philosophy of rights）赋予企业家的利益获得机制，却严加拒斥。这无以打造三权分立制衡的限权机制，无法促成有力约束国家权力的资本权力体系。权力的这两种平等形式，对约束权力都必不可少。至于权利的平等，即生命、财产、自由的平等，对一国之中的任何个人都没有例外，它是从权力来源上规范权力，使其不致成为难以约束的特权的根本保障。两者内在结合起来，加上组织化社会对权力的拒斥，国家才能真正落到长治久安的战略平台上。

最后，需要明确意识并牢牢记住，人们需要在国家成功发展中保持理性，在失败遭遇中保持警觉，这是不至于让国家陷入癫狂的精神基础。与此同时，一国在制度配置上千万不要以为国家权力无所不能。国家是有限度的。国家能力越强，公民能力就越弱；国家救助的越多，公民的自救也就越糟。这并不意味着人们需要对国家权力怀抱仇恨的心态，因为既然“守夜人政府”（“night-watchman” state）是必不可少的，或者说政府是“必要的恶”（a necessary evil），那么人们就必须学会与国家（政府）积极互动，促使它戴着镣铐跳舞。至于一个现代国家在战略上需要人们正视的沉痛教训，则不应被轻易遗忘。今日人们相互提醒的“中等收入陷阱”、“中等发达陷阱”便是一个足以让人警觉的话题。这种以“拉美陷阱”做出另一个命名的国家战略失败，即使已经成为不短时间的研究热点，但多少国家在发展中未能规避这一陷阱，悲壮跌落其中，真是足以促使人们深入思考国家战略规避性向度的丰富内涵。“拉美经济史宛如一曲悲歌，充满哀伤与挫折……最近数十年来拉美为打破经济表现平庸、危机、通胀、贫穷和独裁统治之间的恶性循环而付出的努力”令人印象深刻，但“失败的经济导致失败的政体、暴力、暗杀、逍遥法外和毒品泛滥”,[①] 让拉美陷阱显得格外令人触目惊心。

成功规避国家战略的前述四个陷阱，需要的条件是可以如上罗列而出的，但不是现存擘画出来被人们依样避让开来的。犹如大多数发展中国家在顺畅取得经济成长的巨大成就后，几乎都陷入了停滞、倒退与衰微的状态，后起的国家必须保持警醒，否则很难避免这种发展厄运。将眼光扩展到全球范围来看，曾经长期跻身发达国家行列的希腊，在金融上的政策失误，导致了自身无法克服的金融危机，引发国家破产；20 世纪 80 年代后期曾被视为亚洲第五小龙的泰国，在 1998 年金融危机后一蹶不振，不再被人看作是发达国家的后备军不说，

① 参见［智］塞巴斯蒂安·爱德华兹《掉队的拉美：民粹主义的致命诱惑》，郭金兴译，中信出版集团 2019 年版，第Ⅸ—Ⅹ页。

国家也陷入长期的动荡之中；20 世纪 70 年代辉煌一时的拉美明星国家，诸如巴西、阿根廷、智利、委内瑞拉，如今都深陷经济社会发展危机之中，一时找不到国家脱身的出路。这些案例在提醒人们，国家战略的规避性向度不是一个按照既定的发展手册，可以避开险滩暗礁，顺利抵达国家持续发展的彼岸的问题。它是一个在国家战略谋划随时随地、换着方式再现的战略难题，需要在国家战略的倡导性向度落实、规避性向度躲闪。不考虑有助于国家行稳致远的大战略问题，或者说不对国家远景进行战略思考，没有这种远期的思虑，国家就会陷入缺少战略谋划情况下的当下危机且不自知，此所谓近忧是也。远虑近忧的联袂出场，促使人们保持必要的国家战略意识与谋划能力。

五 结语

深研战略的学者明确指出："战略不仅仅是这么一种艺术：为一个国家可能会变得卷入其中的武装冲突做准备，以争取最后胜利的方式规划国家资源的使用与其武力的部署。它在更广泛的意义上，还是 17 和 18 世纪期间所谓'国家理由'的现代等同物。它是合乎理性地确定一国的紧要利益，确定对其安全必不可少的需要，确定它在同别国的关系中的基本目的，确定它关于各项不同目标的轻重缓急次序。"① 援引这段话作为结语，意在自省并提醒人们，国家战略的制定与实施，绝对不是某个天纵之才的一时灵感对付得了的大难题。国家战略的制定与实施，乃是一个国家全方位动员起来应对现实处境、持续发展与未来命运的总体性问题。一国中人，不能置身国家战略制定与实施的事外，而需要全情投入其中。如此，国家战略的倡导性与规避性目标，方有望落实。国家之兴，据以望焉；国家之败，由以避免。

（责任编辑：韩笑）

① ［美］彼得·帕雷特主编：《现代战略的缔造者：从马基雅维利到核时代》，时殷弘等译，世界知识出版社 2006 年版，第 845 页。

政治思想

西方政治思想史上的三次价值革命*

丛日云**

【内容提要】本文聚焦于西方社会主流价值观的演变及其与政治思想变革的关系，试图构建一套全新的西方政治思想史的宏观解释框架。在西方政治思想上，价值观的演变经历过四个阶段和三次价值革命：古典城邦时代占主导地位的是有机整体主义价值观；城邦解体后，个人开始从整体中挣脱出来，基督教带来价值观的第一次革命，即超验个人主义价值观；经过文艺复兴和宗教改革，基督教的超验个人主义在将教会个体化的同时，也渗透和改造了世俗社会结构，到17世纪形成了以古典自由主义为代表的现代世俗个人主义价值观；20世纪晚期，现代文明臻于成熟，从中演化中后现代自我表现价值观，即后现代世俗个人主义价值观。它以后现代主义哲学为先声，以西方公众价值观的转型为标志。价值革命与政治思想之间是"塑造—反映"关系。价值观的变革是政治思想演变的基本驱动因素，一个时代的主流政治思想是那个时代主流价值观的反映，而思想斗争往往反映了价值观的代差和对主流价值观的偏离。

【关键词】价值革命；个人主义；后现代主义

---

* 本文系国家社科基金项目："后现代主义价值革命与保守主义兴起研究"（项目编号：20AZZ013）阶段性研究成果。

** ［作者简介］丛日云（1956—　），男，辽宁凌源人，中国政法大学政治与公共管理学院教授，主要从事西方政治思想史、政治学理论研究。本文是以作者在"第十一届西方政治思想史暑期高级研讨班"（2021年7月）上的报告为基础整理而成。其内容在此前后还在北京大学、中国政法大学、兰州大学等举行的讲座中得到不同角度的阐述。

西方政治思想史从价值观的角度区分为四个阶段，经历过三次价值观念的革命，这一事实对理解和分析政治思想的演变至关重要。因为政治思想，无论是社会精英和普通民众对政治的认知、理性思考、信念和主张，还是由政治理论家们对思想观念进行了系统化和抽象化提炼的政治哲学，其深层的基础和支配性因素是价值观。政治思想的每一次重大历史转折，都是由价值观的变革驱动的，政治思想的转变往往是价值观革命的反映。一个时代的政治思想会呈现出纷繁复杂的景观，看起来不同思想流派之间分歧甚大、方向各异、相互冲突，但它们或立基于同一时代的价值观，主流价值观成为不言自明的前提，在这种情况下，政治思想的论争其实是家族内部的分歧；或对主流价值观进行了反思和修正，在这种情况下，反映了接受主流价值观在深度和范围方面的差别；或反映了价值观的代际（即时代）更替，在这种情况下，不同思想流派之争其实是两代价值观之争。如果说政治思想或政治意识形态是海洋的表面波浪，哪怕看起来是滔天巨浪，而价值观则是它们下面强大和稳定的洋流。令人惊异的是，政治思想史的研究将关注点都集中于对表面波浪的观察和分析，而忽略了深层洋流的存在和作用。对西方历史上出现的三次价值观革命及其对政治思想的影响，研究者们有过零星的涉及，但至今尚未见到系统的梳理和分析。

本文聚焦于西方社会主流价值观的演变及其与政治思想变革的关系，试图构建一套全新的西方政治思想史的宏观解释框架。一个时代的主流价值观就是时代精神，它是那个时代政治理论的基本价值前提和取向模式，也内含于政治秩序和政治制度之中，还体现在普通民众和社会精英的态度、信仰、观念以及行为模式之中。从上述各种要素中，我们可以发现一个时代价值观的内涵与特征，以及历史转折关头价值观的变革，从而发现由价值观的变革所驱动的政治思想的演变轨迹。通过对西方主流价值观的四个阶段和其中所包含的三次价值革命的内涵与特征的阐释，能够清晰地揭示价值革命与政治思想之间的“塑造—反映”关系。这是理解政治思想史的全新视角。

一　个人与整体：个人的成长与价值革命

政治价值观的核心在于对个人与社会整体（组织结构、政治秩序和关系网络）之间关系的认知、评价、态度、信念和选择（理想）。一般说来，政治价值观念的结构性要素包括个人对自己政治身份或角色的自我意识和信念，对置身其中的社会政治秩序和组织结构及其与个人关系的认识和期待，对社会政治规范的评价和态度，对理想的社会政治秩序和个人优良政治生活的偏好和选择等。价值革命是一种心理现象，发生在人的头脑中，但其根源却在于个人与社会整体关系的变化，特别是个人的成长。我们越是向前追溯历史，就发现个人越是深入和全面地依附和融合于共同体；越到晚近的时代，个人的独立性越强，与共同体的距离越大。一部文明史，就是在文明进步的推动下个人的成长史，也是在个人成长的推动下共同体结构不断调整更新、个人与共同体关系类型不断演进的历史。① 相应地，个人的自我意识或政治价值观也发生了一次次革命性的变化。

在原始部落时代，人类的基本组织是氏族或部落，它们是一种以血缘亲情为纽带的小型的、天然的共同体，个人完全融于整体，没有自我意识，每个人与他的氏族或部落处于自然的统一之中。当最初的国家（在西方是城邦）这种较大规模的以地域为基础的人为共同体出现后，共同体与个人的关系开始拉开一定的距离，超越自然关系的一种政治关系出现了，政治共同体（城邦）也成为人们认识和思考的对象。不过在这个时期，个人还没有独立于城邦的意识，身份团体（如公民、自由人、贵族等）与城邦的关系而非个人与城邦的关系成为思考的焦点，占主导地位的观念是有机的整体主义价值观。

这种有机的整体主义价值观在古代社会普遍占主导地位，只是具体的表现形式有所不同。然而，在西方文明史上，在城邦解体后的帝国时代，却出现了

① 生活在19世纪的托克维尔发现了人类走向平等的大趋势，指出似乎所有的发展都在推动着人类走向平等。其实在平等趋势下面的驱动力是个人的成长。所有人类的进步，都在推动个体的成长壮大，使其越来越具有独立性，平等只是其表现之一。梅因所讲的“从身份到契约”的演变，也只是从法学家角度对这一进程的表现所做的部分描述。

一种新的价值观，即基督教的超验个体主义价值观。这是古老的一神教犹太教内部基于神学救赎观念的自身演化与罗马帝国特殊环境结合的产物。这样一种价值观在西方取得统治地位，不仅对西方历史，也对整个人类命运都具有决定性的意义。因为它不仅支配了整个欧洲中世纪的思想观念，还经过一千多年的演化，到 15—16 世纪，从这种超验的个体主义价值观中孕育出现代世俗的个人主义价值观。这种个人主义价值观塑造了现代社会，创造了现代文明。接着，近几十年来，在西方社会，从这种现代的个人主义价值观中演化出后现代的个人主义价值观（自我表现价值观），推动着西方社会开始向后现代文明转变。

古代整体主义社会全方位地压制个人，使个体彻底工具化。基督教解放了人的灵性生命，使其超脱于世俗社会之上，个人只有肉体生命和世俗命运仍然受世俗整体结构的束缚。当基督教在西方获得主导地位后，个人开始从整体中部分地解放出来，这个部分地解放成为后来整体性解放的前提。经过一千多年的演化，超验个人主义精神渗透和改造了整体主义的教会和世俗社会结构，从中演化出现代世俗个体主义。它实现了个人与整体的平衡，是人类的黄金时代。不过，它也内含着两者失衡的基因，结果必然带来个体的过度膨胀，走向后现代的个人主义。它成为现代文明内部衰败的因子。

这样一个价值观演进的宏观脉络，构成我们理解西方政治思想史演变的基本框架。

二　古典城邦时代的有机整体主义价值观

站在西方政治思想起点上的古典城邦时代，占统治地位的是公民的有机整体主义价值观。这种价值观将国家（城邦）视为有机（自然）的整体，个人（公民）是其有机组成部分。在个人与国家之间的关系上，将国家视为第一位的，个人是第二位的；国家是本原，个人是国家所派生的附属物；个人没有独立的价值，其价值源于其作为国家成员身份的价值。所以，个人只有融合于整体，为其服务和献身，才能实现自己的价值。国家和社会共同体是目的，个人是工具。

这种价值观的摇篮是小国寡民的城邦。在西方，城邦是由部落演化而来的最初国家形式。其规模的狭小不仅是整体主义价值观形式上的基础，也是这种价值观必然带来的空间限制。这种规模有利于公民形成关系紧密的共同体、发达的公共生活以及超强的凝聚力。不过，这种共同体的组织结构更为重要，简言之，它是政治共同体、血缘共同体和宗教共同体的统一。在其中，公民与部落成员、教会成员三种身份相重合。城邦成员首先是公民，是公民共同体平等的一员，所以，城邦就意味着公民的自治团体。城邦实行直接民主制度和公民兵制度，[①] 公民作为城邦的主人，直接和广泛深入地参与城邦的公共生活，同时也为城邦承担义务，包括作战和牺牲。这样一个公民共同体同时又是一个血缘共同体。公民们有共同的祖先，共同的血缘纽带将大家联系在一起。一般情况下，城邦最初都是由一个部落或者部落同盟逐渐演化而来的。当血缘部落演变为以地域关系为特征的城邦时，部落成员也演化为公民，只有公民的后代才能成为公民。所以，虽然城邦不再是纯粹的血缘共同体，但血缘关系仍然是其重要的纽带之一。此外，城邦还同时是宗教共同体。每个城邦都有自己的保护神，城邦的成员同时也是保守神的子民，相当于公民也是城邦教会的成员。他们崇拜同一个保护神，有共同的宗教祭仪和庆典，守护着共同的祭坛和圣火。对城邦来说，政治的、血缘的和宗教的三重纽带是融为一体的，每个人的三重身份（即公民、部落成员和教会成员）也是重合的，这强化了城邦的内聚力。公民们是同伴、战友、同胞、兄弟，也是同一个神的子民。它意味着，虽然城邦超越了部落的新型政治组织，但仍然保留着部分部落关系的特征。

在古希腊人的观念中，公民（polites）是“属于城邦的人”。每个人紧密地结合于城邦之中，他的生命、财产和能力，他的肉身和灵魂，都不是私有的，都属于城邦。他的精神价值也系于城邦，死后的灵魂也归于城邦，离开了城邦，他就失去了公民身份，也就失去了家族和城邦的归属，也不能与他的神在一起。这样的人，按亚里士多德的理解，就成为荷马所说的“自然的弃物”，只能是卑

---

① 城邦的公民兵制度是从部落时代直接继承下来的，在部落时代，所有成年男子都是战士。

鄙的人，与兽类为伍。[①] 所以，在希腊城邦时代，一个非常严重的惩罚就是将成员驱逐出城邦，它等于剥夺了人的精神生命，相当于中世纪被教会开除教籍一样，是非常严重的惩罚，仅次于肉体的死刑。

公民们的价值观自然是有机整体主义的观念。他们所理解的“权利”，并不是个人享有的与城邦分离和对立的权利，而是作为城邦成员的资格，以及基于这种资格分享城邦权力和对城邦事务的参与。城邦成员没有与城邦相分离和对立的个人“权利”，普遍实行的为城邦利益而牺牲个人的政策，即使最大胆独立的思想家也没有置疑过。[②] 他们所理解的“自由”也没有消极自由的含义，更不是个人的自由，而是公民共同体的集体自由，即公民们对内自治，自己管理自己，不接受异己的权力的支配；对外独立，免受外来压迫。他们所理解的平等，也不以个人的平等人格为基础，而是一种基于身份的要求，即具有同一身份的人内部应该平等。不是个人之间平等，而是身份团体（等级）内部的平等。城邦的集体主义和爱国精神是公民非常自然的感情，也是其美德的最高表现。

古典时代的政治思想家普遍持有一种有机共同体的观念。城邦被理解为自然的，它与人的自然（本性）是一致的。也就是说，城邦既是人的本性自然发展的产物，也是其得以实现的归宿。人在本性上（或根据自然）是社会政治动物，城邦是各种自然的社会组织（家庭、部落、村社等）自然进化的最终完成，因而它不是人为的建构。城邦秩序也是一种自然秩序，本质上是一种有机的关系。正是在城邦这种自然秩序中，人的本性得以充分展现，人真正能够完善和实现自己。当亚里士多德说“人类在本性上正是一个过城邦生活的动物”时，[③] 讲的就是这个意思。

基于这种观念，思想家们将城邦的统一与和谐作为最高目标。这个目标意味着城邦至上，个人被彻底工具化，即被和谐于整体。柏拉图的理论以极端的形式凸显了整体主义原则。他的理想国的基础是按国家利益至上和效率优先原则设计的等级制度，国家整体的需要就是一切，个人的价值、利益、动机，按

---

① ［古希腊］亚里士多德：《政治学》，吴寿彭译，商务印书馆 1981 年版，第 7—9 页。

② 比如抛弃和杀死于城邦无用的残疾婴儿、为了城邦民主的安全而以陶片放逐法将有杰出才干和为城邦做出过卓越贡献的领袖放逐国外等。

③ ［古希腊］亚里士多德：《政治学》，吴寿彭译，商务印书馆 1981 年版，第 7 页。

自己志趣和偏好选择的自由，完全被否定了。人都是机械般被动的国家的工具，像砖头和螺丝钉一样被固着于国家的整体结构之中。柏拉图设计了财产和妻子儿女国有的制度，希望通过消灭小家使城邦整合为一个大家，甚至像一个人一样，使公民之间不再有你的和我的之分，人们之间利益一致，甚至情感上都达到苦乐与共、痛痒相关的境界。① 这看起来很荒诞，其实与城邦现实的距离也并不遥远。② 因而它不是一种玄思妙想，而是城邦整体主义价值观的极端表达。

如果说柏拉图试图以部落主义模式改造城邦，或强化和扩展城邦本来就有的部落关系特征，那么，亚里士多德则以其一贯的中庸态度肯定了城邦的主流传统，表达了一种温和的整体主义观念。他以人的社会政治性定义人的本性（自然），把城邦理解为有机整体，个人只是有机体的组成部分。根据他的目的论哲学，部分依存于整体，其价值决定于整体，故整体在本质上先于个人。人在本性上就是过城邦生活的动物，在城邦中才能真正实现自己的价值。他虽然反对柏拉图式的过分统一，使城邦“太像家庭”，但城邦的统一和谐无疑也是他的目标。他也肯定公民为城邦所有，否定公民可以私有其本身，将公民的财产、家庭、婚姻、子女抚育、教育、音乐、文学等，都赋予政治意义，纳入城邦事务的范围，主张由城邦进行统一规划与控制，服务于城邦的整体要求。亚里士多德与柏拉图的分歧，是整体主义价值观的两种类型的分歧。③

正是基于整体（公民共同体）的需要，古典时代的政治思考或政治学的主题被设定为城邦权力的归属问题，即政体问题。这种设定是古典时代政治思想家不自觉的选择，也构成其政治思考的界限。这是由其整体主义价值观派生的，是从公民共同体的需要考虑政治问题的必然结果。它包括权力来源、权力分配、权力组织、公民或臣民身份、公民参与的权利和方式、政治自由或自治等，最终归结为政体问题。古典时代的思想家一般都将对政体问题的研究置于突出的

---

① “还有什么比讲团结化多为一更善的吗?”“当一个国家最像一个人的时候，它是管理得最好的国家。……管理得最好的国家最像各部分痛痒相关的一个有机体。”［古希腊］柏拉图：《理想国》，郭斌和、张竹明译，商务印书馆 1986 年版，第 197 页。

② 柏拉图理想国的设计，与斯巴达几百年间的社会政治制度、生活方式与政治文化高度相似。即使雅典类型的城邦有较多的个人自主的空间，但其整体主义精神也是一致的。

③ 其实在柏拉图的《法律篇》中所设计的“二等好”的城邦里，其极端整体主义也得到修正和软化，那构成亚里士多德的起点。

地位：是一个人、少数人还是多数人掌握国家权力，抑或是将三种不同的政体形式混合起来而构建一种混合政体？也就是说，哪种政治权力分配方式更加符合公民共同体的最大利益？从个人角度考虑的个人与政治共同体关系问题，从来没有进入过古典城邦时代思想家的视野。

三　城邦的解体和个人的萌芽

在古代社会，各民族或各大文明都是整体主义价值观居主导地位。家庭和家族都是个人所依附的初级社会共同体，但他们所依附的政治共同体内部的政治关系的性质则各不相同。比如在古代中国，个人所依附的是家国同构的具有宗法特征的“君—臣共同体”；而古希腊（和古罗马）城邦的特点在于，它是平等的公民共同体。从西方文明中演化出个人主义价值观，是文明史上的一个例外。那么我们就要问，为什么个人主义价值观会出现于西方？按我的理解，在西方文明史上的整体主义时代，个人所依附的共同体的最初类型（即公民共同体）的特殊性是一个考虑因素。这种平等自治的公民共同体更有利于个人的成长，削弱整体对个人的束缚，使个人得到一定程度的解放。

虽然城邦是整体主义结构，但其平等的内部关系与自由的政治生活，使个体不像在君臣共同体结构中那样在层层重压下和重重束缚中难有伸展的空间，相反，公民的平等者身份使其在权威面前不失自信和自尊，在亚里士多德所说的“轮番为治”的体制下，他具有臣民和主人双重身份。公民们能够自由地表达观点和竞争自己的利益，参与城邦的决策，这样，使他们在公共领域有了展现个人的空间，从而使一定程度的个人自我意识和个性解放有了可能。虽然城邦的自由并不是现代式的个人自由，但这种自由发展的极致，却会使某种个人自由成为其伴生物。所以，对贡斯当关于古代自由（政治自由）与现代自由（个人自由）的区分不能机械地理解，要看到政治自由的实现有利于走向个人的解放。柏拉图、亚里士多德以及史学家修昔底德等人都观察和认识到极端的平民政体下崇尚自由的风尚，在这种政体下，公民形成蔑视权威、挣脱束缚、为所欲为式的自由品格。尽管这种自由主要是作为城邦整体结构的败坏性因素出现的，但也有某种积极的成果，因为解构是建构的前提。至少它表明，在这种平等的政治结构里，对个人的压制比较弱些，个人也更强大，更容易表达自己的意志和利益。在希腊，智者们（尤其是年轻一代比较激进的智者）和苏格拉底都开始突破传统的城邦规范，进行自由的探讨和大胆的质疑，不过，他们都没有触及城邦整体主义价值观的根基。在犬儒学派身上，出现了精神独立和社会反抗倾向，他们以一种反道德或非道德的立场，对抗和破坏基本文化规范，成为一种推动文明解体的败坏性力量。就此而言，他们可以说是当代西方进步主义的先驱。

但真正突破古典整体主义观念的是斯多葛派。他们在城邦解体的时代，从公共生活中抽身出来而返归自己的内在世界，反思人的伦理生活，专注于照料自己的灵魂。① 在这种精神活动中，他们意识到了人的个体化的存在，② 以及作为精神存在的人的价值，开始追求超脱世俗秩序的人的道德自由与精神平等，也依此重新定义个人与共同体或国家的关系。个人主义的萌芽开始从整体主义秩序中破土而出。

四　基督教与第一次价值革命：超验的个人主义价值观

不过，在斯多葛派那里所表现出来的微弱的个人主义精神，主要是在城邦整体主义秩序解体后的帝国时代少数社会精英的心灵体验、生活态度和道德追求，不具有普遍性，也没有重新塑造社会的力量。孕育了个人主义的关键因素是基督教。③

---

① 斯多葛派思想家奥勒留的《沉思录》一书的真实名称应该是“致自己”。这是他与自己灵魂的对话，反映了个人意识的出现。此外，这个时期的新柏拉图学派、伊壁鸠鲁学派也都表现出与斯多葛派类似的价值取向。这体现出一个时代的精神变化。

② 沃格林说，斯多葛派的重要性在于，“它发现了人的灵魂”。［美］埃里克·沃格林：《希腊化、罗马和早期基督教》，谢华育译，华东师范大学出版社 2007 年版，第 124 页。

③ 基督教是现代个人主义产生的必要条件，但不是充分条件。基督教在西方特定社会环境下，经过一条独特道路，也与西方社会其他文化因素相结合，才产生现代个人主义。而基督教在其他环境下（如西亚、北非和东欧）则没有演化出现代个人主义价值观。

基督教带来了更深刻的个人主义精神，它以一神教信仰为根基，建立在个人与上帝关系的基础之上，也由一套独特的宗教组织和宗教生活来滋养。当基督教征服欧洲后，它还成为全民的普遍信仰和生活方式，也塑造了欧洲独特的政教关系和秩序。真正的价值观革命是基督教带给西方世界的。拉里·西登托普将基督教的作用称为“道德革命”，认为是“一场道德信念的根本变革塑造了我们生活的这个世界”。[①] 这是信念改变历史的一个生动例证。

作为基督教的前身，犹太教是一种部落/民族宗教。根据犹太教的信仰，犹太民族集体（包括他们逝去的祖先）面对上帝。他们以民族整体身份成为上帝的“选民”，也以同样的身份对上帝犯罪并注定受到集体惩罚，[②] 他们的赎罪是集体行为，而上帝应许他们最终的救赎命运也由集体承受。总之，无论是得到拣选、犯罪、受罚、赎罪还是得到救赎，都是犹太人作为一个集体共同承担和承受的。所以，犹太教是典型的集体主义宗教，[③] 这是与当时整体主义社会精神是一致的。

但是，耶稣传播的教义却面向个人，它通过在信徒与上帝之间建立起个人化的联系，将人的灵性生命从世俗社会结构中解放出来；它肯定人是上帝的“肖象”或“样式”（image and likeness），具有内在的价值和尊严，以及作为上帝选民和基督之子的尊贵地位；它强调处于外在奴役下的人的内在自由以及生活在等级秩序下的上帝选民在灵魂上的平等，从而肯定了个体化的人以上帝权威为根基的精神上的自由和平等的特质。这样，就形成了基督教的“另一世界的个人主义”，即超验的个人主义价值观。虽然这还不是真正意义上的个人主义，但是它成为现代个人主义价值观的前身或母体。

按基督教的教义，耶稣从“罪”的重压下解放了个人。通过耶稣受难，为

---

① ［英］拉里·西登托普：《发明个体：人在古典时代与中世纪的地位》，贺晴川译，广西师范大学出版社 2021 年版，第 3 页、第 52 页。

② 摩西和亚伦就俯伏在地说：“神，万人之灵的神啊，一人犯罪，你就要向全会众发怒吗?”《圣经·民数记》，第 6 章第 22 节。上帝对犹太人的敌人的惩罚也是集体性的，如对埃及人、迦南人等。

③ 犹太教在演化中也隐约出现了个人与上帝的亲密关系以及个人承担宗教责任的观念，如“儿子必不担当父亲的罪孽，父亲也不担当儿子的罪孽。义人的善果必归自己，恶人的恶报也必归自己”。《圣经·以西结书》，第 18 章第 20 节。但其民族宗教的集体主义性质没有变化。甚至在大流散过程中，其宗教凝聚力和民族认同感还得到进一步加强。

人类赎罪，使人类获得了精神的解放，走上了新生的道路，成为脱罪的“新人”。耶稣将律法引入人心，将仪式宗教和律法宗教转变为心性宗教，唤醒了人的良知，使信徒不再受烦琐的律法教条式的束缚。这样，就从犹太教的律法中解放了个人，也就将与上帝关系的自主性从祭司那里还给了信徒个人。这就是保罗所说的：“基督释放了我们，叫我们得以自由”的含义。[①]

更重要的是，耶稣从世俗社会结构中解放了个人。基督教的超验价值取向将人的精神生命作为人的实质，通过建立与上帝的个人化联系以及对终极关怀和彼岸命运的追求，而使个人的精神生命超拔于世俗社会秩序和亲属关系网络，获得一种新的灵性身份和更尊贵的价值。它认为，人是上帝创造的，在上帝的造物中，只有人是有理性或灵性的动物，人只在上帝之下，却在万物之上，因为人是上帝的“肖像”或“样式”。基督教信仰确定了上帝选民（chosen people）的平等与尊严。上帝在人类中拣选了一些人，使他们受洗入教、蒙恩得救，这样，基督徒就自信成为蜕去了旧的躯壳的“新人”，趋向于造他的主的“新人”。从此，他们便是“世上的盐”“世上的光”，是“从神而生”的“光明之子”。这种信仰实现了人的精神世界的更新，培养了基督徒的自信与自尊。

在《圣经》中，耶稣要人背上十字架，追随上帝，为此，他呼唤人们的灵性生命脱离世俗社会结构，挣脱世俗社会纽带，包括城邦、部族、家族、家庭和亲属关系，开始走上救赎之路。这种呼唤是针对个人的，它把个人从世俗社会结构中分离出来，获得一种新的身份，成为“追随基督的人”，以个人的身份成为天国耶路撒冷的公民。[②] 查尔斯·泰勒认为，欧洲在向现代社会的转型中发生了一场“大脱嵌”（great disembedding）的革命，个人从传统社会那种嵌入在宇宙、自然和社会的框架中挣脱出来，获得了独立性和自主性。这个“大脱嵌”的第一步，其实是基督教使属灵的人从亲属关系和整体主义社会结构中挣脱出来。

面对世俗等级秩序的束缚和压迫，基督教的做法是将人区分为“外在的人”（outer man）和“内在的人”（inner man）。“外在的人”属于世俗社会，具有某

---

① 《圣经·加拉太书》，第5章第1节。

② 基督教在罗马帝国获得合法地位后即兴起了修道运动，那些修女和修士们以实际行动脱离世俗社会结构，以基督追随者的个人身份组成新的平等者的团契，实践以出世态度在此世生活的理想。在他们身上，典型地反映了基督教的超验个人主义精神。

种世俗身份，由社会结构设定其地位和责任；但是，作为精神存在或灵性存在的人则属于上帝，具有超越于世俗社会结构之上的价值，直接与上帝发生联系。基督教信仰要求“外在的人”服从世俗等级秩序，安于奴役地位；但“内在的人”则归属于上帝，独立于世俗社会结构，只对上帝负责，服从上帝的诫命，不受世俗权力的支配和世俗关系的束缚。这就是“基督徒的自由”的另一个含义，这是个体灵魂相对于世俗秩序和关系网络的独立与自由。

按基督教的信仰，基督徒只做上帝的奴仆，不作人的奴仆，这是就其灵性生命而言的。通过将内在世界交给上帝，使其摆脱了人间权力和世俗关系的控制和束缚。虽然这种自由不具有现实的政治法律意义，它仅属于内在世界，并且这种内在自由还长期被教会所控制，可它却排除了家庭在宗教生活中的核心作用，教士取代家长成为个人的宗教导师，也拒绝国家权力的干预，拒绝世俗权力干预人们的灵魂得救问题，这是人类获得消极自由和个人自由的第一步，也是现代政治法律自由的精神源泉。

按同样的逻辑，基督教也确认了在外部等级秩序下上帝儿子的平等，即不平等中的平等，人的灵魂的平等。基督教承认世俗等级秩序的合理性，它也是上帝创造的。上帝最初创造人是平等的，但由于人的堕落和犯罪，就产生了人间的不平等和奴役制度。所以，臣民或奴隶要服从统治，地位卑下者要安于自己的地位。不过，按基督教的二元观念，奴隶地位仅涉及人的肉体，而人的灵性生命是平等的。[①] 上帝是父，邻人是兄弟，在这个意义上，人类只有一个主人，即上帝，相互间是兄弟姐妹，彼此平等。保罗说：“你们因信基督耶稣，都是神的儿子，……并不分犹太人，希利尼人，自主的，为奴的，或男或女，因为你们在基督耶稣里都成为一了。”[②] 这样，基督教开始以一种新的尺度来衡量人，在上帝面前，在灵魂得救的命运上，人的世俗身份没有意义。人是以一颗赤裸裸的灵魂面对上帝的，因而也是独立、自由和平等的。基督教是普世主义的，它在超验的维度上创造了一个普世的、同质化的社会，由独立而平等的个

---

① 正是基督教关于人的灵魂平等思想，促进了罗马帝国奴隶制的衰退，并且当处于原始部落发展水平的日尔曼蛮族入主西欧后，也因信仰基督教而没有复制奴隶制，而是走上了封建化的道路。

② 《圣经·加拉太书》，第 3 章第 26—29 节。

体组成的灵魂共同体，所以，它的另一面则是深刻的个人主义。

超验的价值取向广泛存在于各种高级宗教中，但这种超验价值取向的个人主义特质，及其对个人的精神和世俗的特质与命运的二元平衡的理解，是基督教所独有的。这种价值取向将人的精神生命作为人的实质，锚定了人生的终极目标，使人的精神生命凸显、精神价值提升，但它并不否定世俗生活的价值，因而带来人的精神生活与世俗生活的区分与对立。人们需要服从秩序，但在世俗的共同体如家庭和国家之外，人还获得了一种新的更尊贵的身份，组成一种精神的团契，即奥古斯丁所说的“有形的教会”和“无形的教会”。世俗价值不提供人生意义的支撑，世俗目标也不是人生归宿。基于这种价值观，基督徒也开始重新审视世俗社会和国家，相对于人的彼岸命运，此岸生活只有相对的和有限的价值；政治秩序是个人世俗生活所必需，但它只有暂时性的和工具性的价值。作为一个灵魂、追随上帝的个人具有目的性价值。

罗马帝国末期的奥古斯丁以双城论框架系统论证了这种价值观，实现了与古典传统的决裂。到中世纪中期，阿奎那通过吸纳和消化亚里士多德思想，对奥古斯丁的理论进行了修正，在精神生活优先的前提下，肯定人的世俗生活独立的价值，为后来从基督教文明中产生世俗个人主义拓出了空间。奥卡姆的唯名论则从哲学上发现和肯定了个体的价值。根据奥卡姆的理论，抽象的和无法感知的事物并非实体，共相在时空中并不存在，它只是一个名称而已，只有个别的（个体的）、特殊的事物，也就是说，只有特殊性，没有共相，没有普遍性。全能的上帝创造的不可能是共相，而只能是个体。这种理论将人的特殊性、个体性从人的一般性和共性中凸显出来，在社会中，只有具体的个体才是真实的存在，这有助于推动社会有机体观念的改变，以及对个人、个体性的承认。因而被视为哲学本体论意义上的个人主义。

基督教也改变了政治思考的方向，其焦点由古典时代的政治权力归属问题，转向国家权力的性质和范围问题。主要包括：权力的属性、界限和边界；规范公权力的方式和方法；个人权利的界定和依据；公权力与私权利的关系；权力与法律的关系；服从与义务的依据、限度；消极自由和个人自由等。如果说古典政治学主题的设定是基于公民共同体的需要，那么基督教带来的政治学主题的转换，则基于基督徒个人灵魂救赎的需要。政治的首要问题从此变成了，作为天国的朝圣客，我们在短暂的世俗生活中，为什么需要国家？需要什么样的国家？国家权力应该管什么？不应该管什么？即权力的界限何在？如何防止权力越界？结果，国家权力被界定为世俗权力，规范和限制国家权力、使其在满足个人世俗生活需要的同时，不会妨碍和干预个人的灵魂得救，这成为一个时代的共识。

不过，基督教的个人主义限于超验领域，它只是半个人主义。在世俗社会，基督教仍然维护整体主义的社会结构，而作为人间组织的教会，也成为压抑个人的具有精神权威的世俗机构。这样，就形成了人与社会的二元性概念，相互之间保持着张力。但基督教的信仰和宗教生活创造了一种属灵的秩序。在基督教的摇篮里，培育了独立、自由和平等的人格的胚胎。超验个人主义经过中世纪漫长的演变，逐渐渗入世俗社会结构，逐渐解构了扩展的亲属关系网络和集体主义的社会结构，推动了社会的个体化，最终演变为世俗的现代个人主义价值观，成为真正的个人主义。

由超验个人主义到世俗个人主义的演变经历了两个过程：第一，经过宗教改革，以神学个人主义精神重塑教会，将个人主义关系纯粹化和直接化。宗教改革是个人成长后努力挣脱教会束缚的结果，它否定教会权威，除掉个人与上帝之间的阻隔即教会，确立个人良心至上的原则。它在人与上帝之间建立起直接的和个体化的联系，释放出更充沛的个人主义精神。在将信徒从教会权威下解放出来的同时，还按个人主义原则彻底改革了教会组织。第二，神学个人主义浸润了世俗的社会结构，从个人与上帝的关系透入人与社会的关系，形成世俗领域的个人主义。它与中世纪晚期的城市革命与市场化经济进程相伴随，中世纪日耳曼封建的契约关系也是其助力之一。文艺复兴的人文主义是现代个人主义最初的表现形式，彼特拉克是这个意义上的第一个现代人。但现代社会个体化最有力也最深刻的进程是宗教改革推动的，路德的良心觉醒和反抗教会的行为表现出现代人的品格。在以基督教超验个人主义精神改造世俗社会方面影响最大的则是加尔文主义者。加尔文主义者有一个整体性的生活规划，通过对世俗生活的圣化理解，他们鼓励人们以宗教精神积极参与社会生活（圣职），以在世俗事务中的成功来证明上帝恩典和荣耀上帝。这样便将神学领域的个人主义植入世俗社会结构，也按个人化和民主化的教会结构模式来改造国家制度。新教主义是现代个人主义的直接源头。直接体现了现代世俗个人主义精神的古典自由主义是没有上帝的新教，而新教则是保留了上帝的自由主义。

五　现代社会的个体化与第二次价值革命：现代世俗个人主义价值观

现代世俗个人主义价值观在古典自由主义那里得到经典表达。它的出发点是独立、自由和平等的个人，他们享有人格尊严和赋有某些不可剥夺的基本权利。在个人与整体（国家）之间的关系上，它将个人作为社会的基础和本原，国家是个人基于自身需要和意愿而建立的政治共同体，是服务于个人的工具。具体来说，就是保障个人基本权利和满足某些需要的工具。出于保障个人权利的需要，必须在国家权力与个人权利之间设定一条不可逾越的界线，对国家权力进行规范和限制，以保障个人权利不被侵犯。在公共领域，独立的个人成为国家的政治主体，国家权力建构以个人权利为基石，个人以公民身份享有政治参与的权利，国家权力必须具有公共性，由公民团体控制和监督。

现代世俗个人主义价值观的形成，标志着西方文明由传统向现代的转变，换言之，西方文明的古今之变，其实质性内容是个人主义精神的形成。个人主义成为现代西方文明的核心价值。

在历史上，所有的文明都精心地构筑起文化的堤坝或堡垒，封堵或压抑个人的欲求，以使有秩序的社会生活成为可能。在前现代的农业文明时代，整体主义是人类的必然选择。而西方文明在演进过程中形成了一种新的文化机制：它一方面释放个人，承认个人欲求的合法性，同时通过某种社会机制的调节，使其不致于危害社会，使有秩序的社会生活成为可能。这样，承认个人、尊重个人、解放个人、保障个人、发展个人，就成为现代文明演进的大方向，结果就是建立了一种新的个人与整体关系模式，通过解放个人，在个人与整体之间达到了一种平衡。

个人主义价值观是中世纪末到现代早期个人成长和社会日益个体化的产物。由于英国独特的盎格鲁—撒克逊传统比欧洲其他民族传统更具有个人主义精神，其社会个体化进程开始得也比较早。① 经过宗教改革和加尔文教在英国的传播，社会个体化进程进一步深入展开，尤其在精神领域达到了新的高度。正是在这种背景下，英国成为现代个人主义政治哲学的摇篮。生活在 17 世纪中期的霍布斯最早系统地阐述了一套以彻底的、纯粹的世俗个人主义价值观为理论基础的政治哲学，接着在光荣革命前后形成的洛克政治哲学不仅以世俗个人主义价值观重构政治共同体（公民社会），确立个人与整体（国家）的平衡，同时也系统地论证了符合这种价值观的制度框架。18 世纪法国启蒙运动广泛传播了世俗个人主义价值观，而苏格兰的启蒙运动一方面将这套价值观拓展到经济和伦理领域，另一方面也对之进行了发展和修正。尤其是在这个世纪末柏克阐述的保守主义思想，在继承古典自由主义政治哲学个人主义基本精神的基础上，对其作出了关键性的修正与发展，使个人与整体关系趋于更稳定和健康的平衡。这是对现代世俗个人主义价值观更成熟的表达。

古典自由主义以社会契约论为论证工具，重构了个人与整体的关系。契约论通过理论抽象所得到的自然人和自然状态，确认了独立、自由和平等的个人是社会的本原或基础，也是国家的目的和终极价值。国家被视为派生的，只具有工具性的价值。这是对古代有机整体观念的一个彻底颠覆。如果说基督教的价值观对古典价值观只颠覆了一半，而古典自由主义则彻底完成了这种颠覆。

根据契约论，国家不是有机成长的，而是出于人的需要的建构；国家的基础不是人的社会政治本性而是人的意志或同意。这样，国家不再是一个自然的共同体，而是人为的共同体，其内部联系的纽带是外在的契约和法律。契约论的论证思路意味着，不是根据国家需要塑造个人，而是根据个人需要建构国家。

---

① 当代英国史学家麦克法兰将英格兰的个人主义传统或个体化进程追溯到 13 世纪。认为，“至少从 13 世纪开始，英格兰的大多数平民百姓就已经是无拘无束的个人主义者了”。当然这种个人主义还不是现代意义上的个人主义。麦克法兰在解释它的涵义时说，与“团体和国家相比较，个人享有更大的权利和特权”。[英] 艾伦·麦克法兰：《英国个人主义的起源》，管可秾译，商务印书馆 2008 年版，第 214 页、第 11 页。

个人与国家的关系被颠倒了过来。古典自由主义直接脱胎于基督教，它继承了基督教的消极国家观传统，不再将国家作为人实践美德或实现自己价值的地方，而是人在追求自己精神和世俗的目标时所需要的外部秩序。

古典自由主义确立了个人与他人、社会和国家之间界限和平衡的观念。这是现代个人主义的精髓。它在个人权利与国家（或政府）权力之间划出界线，使个人权利得到保障，国家权力得到规范和限制。在此原则的基础上，形成了现代的宪制体系。个人权利是出发点，但个人权利不是无限的，国家也要获得足够的尊重与服从。它在确立个人的本原性的基础上，也承认建立公民社会的必要性。在自然状态中人在本性上的独立、自由和平等在国家中仍然保留下来，自然权利转化为公民社会的人权，但为了有秩序的公共生活，个人必须做出某些牺牲，某些自然权利要转让给共同体。国家权力被限制在一定界限内，但仍然有足够的权威。这样，它就一方面拒绝了完全否定个人或使国家对个人占绝对优势的整体主义，另一方面，也免于滑向否定国家、主张个人无限自由的无政府主义。

古典自由主义产生的时代，其历史使命是反映和推动现代社会的个体化，解放个人，在现代个人的基础上重构社会。所以，解构传统社会是它的主要努力方向，这使它带有原子论的倾向，或使社会走向原子化的可能。它如释放魔鬼一般，打开了后现代主义个人进一步膨胀的大门。

不过，古典自由主义直接解构的对象，是当时盛行于欧洲的绝对主义国家制度，其关注的焦点是政治法律问题，其核心是个人权利与国家权力之间的关系，其目的是以现代的民主宪制原则改造绝对主义国家权力，以便从政治上保障个人的自由和基本权利。所以，社会契约论重构的是政治社会，而不是社会本身。其实，作为契约论前设的自然状态也是一种社会，是非政治的社会。在这种社会里，自然法成为人们行为的规范。这意味着，人们在公共政治生活之外，还有其他社会生活，还有基于个人独立的基础上对共同体的认同与忠诚，还要遵守社会文化的基本规范，还有其他纽带将人们联合在一起。尽管早期古典自由主义看起来有明显的原子论倾向，不过后来经过苏格兰启蒙运动和柏克的自由保守主义的纠偏，使自由主义的主流传统并没有将社会彻底原子化。自由保守主义特别强调社会的宗教基础，强调家庭、教会、民族、（民族）国家等共同体的价值，强调在契约性关系之下更深刻的社会联系纽带的价值，将国家不仅视为独立、自由和平等的公民的政治联合体，还是基于传统、历史、生活经验的情感共同体。国家的纽带不仅是政治（契约）的，还有族裔的（血缘的）和文化的。国家的自然性和有机性并没有完全消失，只是由于个体化的契约关系的出现而得到调整和部分地替代。国家虽然是保障人权的工具，但也有目的性价值，使人们从中获得共同体的情感认同、身份归属和公共道德的实现。

现代的个人主义虽然解放了个人，但不是完全彻底的放任或放纵。享有自由和权利的个人要对自己的行为负责。或者说，正因为人是自由的，所以就要对自己的行为负完全的责任；正因为人享有权利，所以也要为共同体尽相应的义务。现代的个人虽然世俗化了，但世俗化只是意味着对世俗权力和秩序的祛魅，世俗生活与宗教生活的分离，但上帝的权威仍然在人心中，它构成人的尊严与权利的终极根据，同时也是人的义务和约束人的行为的道德律令的终极依据。这种以上帝权威为支撑的自制自律的人格是现代人的特征，它意味着人必须遵守源于基督教传统的一整套现代伦理和文化规范。

现代的伦理虽然将重心转向个人，但它并非个人中心主义，更不是利己主义（egoism）的。现代伦理规范不再由整体来定义个人，而是要求推己及人的原则并由此产生以个人为基点的公共道德。所谓推己及人，就是“己所不欲，勿施于人”。这被霍布斯表述为自然法的总的原则或精神。①

与自制自律的道德人格相对应的，则是自组织行为。国家作为权力体系，相对个人来说是一种外在的力量，与个人不再有天然的统一性，但它是个人需要和意愿的产物，因此与个人利益具有统一性。所以，作为国家的成员，意识到个人与整体（国家）间休戚与共的联系，既产生了参与的要求，即要求平等的政治权利，以自治的方式管理政治共同体，同时也会产生义务感，以一种自觉精神服务和奉献于整体（国家）。所谓义务是一种内在的强制，而不是外在的强制。这是国家得以维系的强大精神力量。现代民主与古代民主的根本区别，在于现代民主建立在个人主义精神的基础之上。而现代民族国家作为一种具有

① ［英］托马斯·霍布斯：《利维坦》，黎思复、黎廷弼译，商务印书馆 1985 年版，第 120 页。

族裔认同和文化认同的政治共同体，个人与国家间的联系纽带要更为深刻，远不止一种功利的需要和契约的承诺，而是包含了同胞情感、对民族文化的热爱、对历史遗产的自豪感等非功利的精神因素。使个人将（民族）国家视为自己世俗的精神家园，从对国家的皈依、融入和奉献中获得一种道德满足和崇高感。建立在个人基础上的契约国家只是国家的一个面相，国家同时还是族裔与文化的共同体，它获得成员的认同、忠诚与献身，通过有机的精神纽带将成员与国家联系在一起。自由的个体主义与对民族国家的情感皈依是一体两面。

现代人承认和服从国家权力，但这种权力不是外在的强制性权力，也不是各种形式的私人化权力，而是一种抽象的公共权威。这种权力不与任何个人联系在一起，而是与公共职位联系在一起。它由合法的民主程序所授予，受到法律的规范。成长为现代独立政治人格的个体只认同这种权力，也只服从这种权力。所以，成熟的现代政治人格是现代民主制度的政治文化基础。

六　当代西方的后现代个人主义价值革命：后物质主义/自我表现/解放价值观

后现代个人主义价值革命还在进行当中，西方社会向后现代文明的转型还没有完成，所以，它的内涵与趋向还有一定的模糊性。从目前的初级形态看，后现代的个人主义对人性的理解，对个人与他人、社会、国家甚至自然之间关系的理解都发生了根本性的变化，其核心是更加以自我为中心的“自我”观念。它追求打破现代伦理和文化规范的进一步和更彻底的解放、要求在个人生活领域更多个人选择的自由和更广泛的个人权利、在精神领域追求更高程度的自我实现和更充分的自我表现、在社会领域希望实现全面的平均主义意义上的平等。这样，它就开始打破现代文明范畴的个人与整体（国家）、自由与权威、权利与义务（责任）的平衡，转向极端的个人中心主义。为了解放个人，它全面解构被视为束缚和压制个人的组织、关系和力量，包括现代文明的共同体（家庭、教会、社区和民族国家）、伦理和文化规范、各种类型的权威（政治权力、社会权力、知识权力、话语权）以及现代型的集体归属、共同体认同或身份、共同体联系的纽带等。

后现代个人主义萌发于现代个人主义内部，是现代个人主义内在的个人主义因素片面发展并寻求进一步解放的结果。它最初表现为各种形式对现代文明的反思、批判、否定和超越的努力，特别集中表现在各种左翼思潮中。卢梭对自我的理解和对抗文明而推崇回归自然的浪漫主义诉求，尼采的“重估一切价值”和“上帝已死”的宣言，都可谓反叛现代文明的先声，到 20 世纪中期盛行的西方马克思主义和新左派的文化批判理论那里，已经呈现出初级的后现代理论形式。后现代主义哲学的正式登场是 1966 年，这一年福柯和德里达都发表了他们的代表作。此后直到 90 年代，一批后现代主义著作纷纷问世，从哲学上解构现代文明一时成为时尚。

后现代主义哲学的一个令人瞩目的特征，是以认识论怀疑主义质疑现代人类在道德、哲学和科学推理中获得确定知识的断言，特别是致力于解构所谓“元叙事”（méta-narrative）或“宏大叙事”。这种“元叙事”为人类提供了有关世界如何存在与运行的普遍而确切的解释，支撑着指导我们生活的基本价值准则，因而它构成现代文明基础性的、不证自明的原始假设。后现代主义者如利奥塔和德里达都强调，许多这类的元叙事都基于一些根深蒂固的和内在冲突的假定，因而对它所提供的有关事实和价值真理的断言都需存疑。理性和信仰是现代文明的两个支撑，后现代主义哲学家普遍采取反启蒙立场，力图反思和超越理性，瓦解信仰的基础，既质疑人们对传统理性的信任，也否定信仰的价值。

现代性源于基督教一神论传统，它内含着对世界统一性、目的性和人类基本价值的基本信念，即世界是统一的、有目的的，因而世界上发生的事情是有意义的，特别是人类的存在是有意义的。这样的信仰遭到后现代主义者的无情攻击，现代文明的意义结构被他们否定和瓦解，现代文明的基本价值遭到解构。从信仰角度上看，上帝的存在是无法证明；从理性上说，善也是不可定义的，由此，建立在宗教信仰和理性推论基础上的正义、善或道德根基就被抽空和瓦解了。在他们那里，人不再是万物的中心和尺度，而只是历史的产物、知识的结果。福柯模仿尼采的“上帝已死”口号，宣称“人已死”，意为人类中心论已经瓦解。他强调人的多元性、复杂性、相对性和有限性。其实这是在宣告现代人已死，后现代人的诞生。

这样一种相对主义、怀疑主义必然导致对普遍价值与真理的质疑与颠覆，带来一种放纵的社会邪恶。

后现代主义也解构了现代社会共同体的根基和纽带。现代文明以个人为基础改造传统社会的结构，重组和建构现代社会共同体，但后现代主义反秩序、反等级、反结构、反中心，解构现代共同体的根基，并进而解构社会本身。现代的社会契约论在政治建构上有原子论倾向，但这只是其政治面相。原子化的政治个体不仅需要通过契约的纽带结合为政治共同体（公民社会），还通过族裔认同和文化认同的自然纽带而结合为民族和民族国家，还以核心家庭作为社会的基础。但后现代主义走向彻底的原子论，它瓦解各种共同体的纽带，解除人的各种义务和责任，使人完全成为挣脱共同体约束的孤立的原子。不仅是政治的原子，也是社会中的原子。在瓦解了社会共同体的纽带后，社会就只有自我中心的人际关系，每个人都以追求自我表现为目标。对这种人而言，社会就是福柯所说的监视和压制个人的“监狱”，而他人则如萨特所说的是“地狱”。

后现代主义解构政治权力，更解构被泛化解释的“权力”。这种权力是无形的、无所不在的，它源于社会，分散于社会各领域，隐藏于人与人的关系、思维、知识和话语中，是抽象的、微观的（隐藏于社会的每个角落）、动态的（一会儿是控制者，一会儿又成为被控制者）、非中心化的（或弥漫性的和网络状的）。福柯称，这种“权力”是在人们日常生活所展开的由各种社会机制所构成的关系网络，个体在这种关系网络中被塑造成某种主体。正是在这种关系的网络中，人们控制和被控制。① 所以，他把现代社会描述为“圆形监狱”。由于权力无所不在，人被笼罩在庞大的权力网络中，生活于“监狱式的社会”里。现代文明社会解除了前现代政治权力对人的压迫，但在福柯看来，它对人的“规训”即无形的精神控制超过了前现代。福柯揭露这种“权力”控制人的现实，

① ［法］米歇尔·福柯：《自我关注的伦理学是一种自由实践》，载汪民安主编《福柯读本》，北京大学出版社2010年版，第358页。

拒绝它对人的支配和改造，号召反叛，从这种“权力”下获得解放。其实这种“权力”就是现代文明社会约束人的各种道德规范和文化规范，都被福柯说成是压迫人的力量。

后现代主义哲学家是瓦解现代文明的土拨鼠。他们解构理性和信仰、共同体及其各种社会纽带、权力与权威、道德与文化规范等，就是要彻底摧毁现代文明的基础结构。他们声称，现代文明的一切，甚至人类社会的一切，只不过是一种建构。解构、摧毁和破坏现代文明的人类建构、反抗现代文明的基本规范，是他们的主要意向。虽然他们也表示还有建构的努力，但他们所谓的建构是构想一种解放人的情欲和本能、每个人除了自己的主观意志或创造力之外不受任何标准约束的“快乐的乌托邦”。这种“解放的后现代主义”是个人主义的一种新形式。

后现代主义哲学是西方社会转向后现代个人主义的标志。不过，对一个时代价值观的准确把握，最可靠的方法是对政治文化的量化研究。只是当我们试图发现和描述历史上的价值观及其演变时还没有这样的条件，只能借鉴当代政治文化理论，从历史文献中进行挖掘和提炼。但是，当我们阐述后现代主义价值观时，我们有了当代政治文化量化研究的数据，这使我们可以将重心转向社会大众价值观念的分布和动态演变，而不是过多地依赖对政治哲学、伦理哲学和其他政治文献的解析。比起以往，在当代信息社会和大众民主社会，大众有条件直接表达他们的价值观，而政治哲学也更贴近社会现实，更直接地将公众的价值观念提升为理论形态。在这种情况下，我们可以不单借助于学者们阐述的政治理论这个浮标来把握深层洋流的走向，还可以更方便地直接观测深层的洋流。

最早开始观测社会价值观走向深层洋流的学者是英格尔哈特（Ronald Inglehart）教授。英格尔哈特在对当代西方政治文化的研究中观察到了一个现象，即从20 世纪 70 年代起，发达工业社会正在发生一场价值观念的革命，即由物质主义（materialism）价值观转向后物质主义（postmaterialism）价值观。前者赋予经济和人身安全价值以最高优先地位，后者则将与人的解放、自我表现、自由选择、满足精神追求的生活质量等非物质层面的需求赋予最高优先级。随后，英格尔哈特进一步发现，这种价值观的转变带来范围更广泛的文化变迁，即从生存价值观（Survival values）向自我表现价值观（Self-expression values）的转变。根据英格尔哈特的研究，这一广泛的文化变迁，从优先考虑经济安全和人身安全、强调个体服从群体规范，转向越来越强调个体有选择生活方式的自由。在价值排序上，后物质主义者更强调个人的归属感、[①] 自尊、个人的解放、自我表现、个人价值的实现、个人在生活方式上的自由选择、以精神品质为核心的生活质量、和谐的人际关系、优美的自然环境、更多的社会政治参与、在性别、性取向、种族、外来移民、宗教、生活方式等方面更大程度的宽容等。相应地，他们降低了物质收入与需要、社会秩序与安全、家庭、宗教、国家与国防的价值。这符合马斯洛的需求理论，即人们的基本物质需求满足后，转向更高层面的精神需求，由人类第一本能的需要转向第二本能的需要。

这是一种新的个人主义价值观。它是对现代个人主义价值观的超越，所以也称为后现代主义价值观（Postmodern values）。这种价值观更突出自我的中心地位，突出强调个人目标、个人价值的实现，所以能够准确反映其内涵的名称是“自我表现价值观”（Self-expression values），英格尔哈特后期也越来越多地使用“自我表现价值观”概念。其核心是对个体自主性的强调，属于“支持个体选择的价值”，也就是崇尚个人自由地选择自己的生活方式，赋予自由选择和自我表现的价值以更高的优先级。这种选择的目标是个人的“幸福”或“幸福的最大化”，将个人的幸福置于共同体的价值目标之上，所以也称“幸福价值观”。而自由选择必须冲破障碍和束缚，从各种道德和文化规范中得到解放，所以，它也被称为“解放价值观”（Emancipative values）。“解放”是自我表现价值观的内在本质。这种解放价值观不仅要求自己的自主性和解放，也支持他人的自主性和解放。[②] 基于这种个体自主性和解放的要求，后现代的个人将现代共同体、社会关系和身份、伦理原则及文化规范都视为对个人自由选择的束缚和压迫，要求对其进行彻底的解构和重构。英格尔哈特称，这种价值观是“高度

① 传统社会和现代社会中的个人也追求个人的归属感，但后现代社会的个人归属感不再指向核心家庭、教会、民族和民族国家等现代共同体，而是在身份政治下凸显的身份共同体。英格尔哈特没有强调这一点。

② 不过，后现代主义左派对“宽容”和“解放”的理解是有特定取向的，即只宽容向左的方向的解放，对与他们方向不一致的言论和行为，却表现出极端的不宽容，甚至以一种好斗的精神施加强迫。

的个体主义、高度的自主性和高水平的自我表现价值观并行不悖”，是“自我表现/个人主义/自主性价值观”三者的一致性。① 所以，也有学者将这种价值观称为“表现型个人主义”（Expressive individualism）。

在这种价值观的驱动下，发达工业社会正经历着一场广泛而深刻的“文化转型”，涉及社会的各个领域，它正在重塑西方国家的核心制度、规则和理念。社会主流价值观变了，一切都在变。

从思想观念演变的内在逻辑上看，后现代个人的出现，是现代个人解放的惯性使然，也是现代个人主义内在因素的成长。现代个人在形成与成长的过程中，首先要摆脱前现代压制个人的文化规范和社会习俗，压迫性的社会组织，特别是威权性的政治法律制度，追求个性解放、人的尊严、人格平等、基本自由和权利，并要求建立与现代个人要求相适应的社会组织、秩序和制度。可以说，现代化就是个人的解放和成长。但是，个人一旦被释放，就会继续追求进一步的解放、更大范围的选择自由和更高程度的自我实现，这种解放如滚石下山一样按着固有的惯性前进。个人在争取摆脱前现代束缚的过程中形成的现代观念、文化规范、组织制度和社会关系、社会秩序，面对个人进一步解放的要求，则成为新的束缚或压迫性力量。

到 20 世纪末，西方社会具备了相应的条件，使现代主义的价值观开始发生根本性的转变。英格尔哈特提出了两条假设解释新的价值观念的形成：一是匮乏假设。二战后的持续繁荣和福利国家，给西方人带来了经济和人身安全的主观感受。生活在这种条件下的人们将其视为理所当然，从而追求更高（精神）层面的价值。二是社会化假设。在社会经济环境变化与价值优先排序变化之间存在着时间差。一个人的基本价值观反映其成年以前的条件，在上述条件下长大的一代，将这种安全视为理所当然，于是形成新的价值观，此后一生很难改变。前一个假设意味着，当现代化获得成功后，就必然向后现代主义价值观转变；后一个假设意味着，年轻一代比老一代更亲近后现代价值观。一个成功的

---

① Ronald Inglehart, *Cultural Evolution*: *People's Motivations Are Changing*, *And Reshaping the World*, Cambridge: Cambridge University Press, 2018, pp. 49 –55. 其中自我表现与生存相对，个人主义与集体主义相对，而“自主性”（Autonomy）与“嵌入性”（Embeddedness）相对。

现代社会在正常情况下，会随着代际更替完成向后现代价值观的转变。

向后现代个人主义价值观的转变，从20世纪70年代开始发生于发达的工业国家。根据“欧洲晴雨表”和“世界价值观调查”的数据，在世纪之交，后物质主义者在多数发达国家已经达到了人口的大约半数。而后这个趋势还在不断地发展，难以逆转。今天在有的西方国家，按英格尔哈特的标准，后物质主义者已经达到了三分之二。[①]

由于2008年以后西方社会发生的经济危机，特别是这种价值观的转变以及按这种价值观制定的政策带来的一系列严峻的社会政治危机，使这种文化变迁遭遇到强烈的“文化反冲”，即后现代保守主义的兴起，左派和进步主义者推动的向后现代的激进转变遇到了抵制和对冲。这就是目前西方（尤其美国）所发生的全面而激烈的“文化战争”（culture war），[②] 其实它是基于两种价值观的现代文明与后现代文明之争。

自由观念也许最能反映后现代个人主义的特征。贡斯当曾对“古代人的自由”与“现代人的自由”做出了著名的区分，那么，今天人们应该注意“现代人的自由”与“后现代人的自由”之分。后现代的个人基于新的自我认识，开始对个人与他人、社会和国家之间的关系重新估价，从根本上改变了对现代自由的定义。

现代人的自由主要是政治和法律领域的自由。霍布斯将自由与“法律的锁链”对立起来，洛克和孟德斯鸠都将守法作为自由的结构性要素之一。他们要解决的问题，是解除绝对主义国家权力对个人的束缚和压迫。但是，这种现代自由观念是在新教文化背景下形成的，是在政治上解放与基于宗教伦理的道德约束相互表里的。这就不难理解，在现代人获得政治上的自由的同时，也受到新教伦理的严格“规训”（disciplina）。正是宗教改革成为政治革命的先导，但

① 城邦时代价值观的主要承担者是父家长、贵族和公民；基督教时代则是基督徒；到现代是新教徒和中产阶级；而后现代主要是社会精英、各种弱势和边缘文化群体、青年人。

② “我们（美国人）正生活在一个全面文化战争的时代”。Justin Charity, “We Are Living in the Age of Total Culture War”, *The Ringer*, May 1, 2019, https://www.theringer.com/2019/5/1/18524604/culture-war.

它同时也引起了一场“规训革命”（disciplinary revolotion）。[①] 最早奋起革命争取政治自由的加尔文教徒，也是被严厉规训、高度自律、追求圣洁的道德生活的人。正是对政治自由的强烈追求与对自我内在道德与外在行为的严格约束和规范，成为英国革命中清教徒军队（模范军）战斗力的源泉。同样，普鲁士国家因为信奉加尔文教的统治者和精英阶层发起的自上而下的规训革命与敬虔主义运动引发的自下而上的规训革命，带来严格的规范管理和秩序，以及纪律、服从、牺牲精神，降低了国家治理的成本，成为国家高效和强大的重要因素。[②] 这种规训在较低的程度上也存在于路德教和天主教当中。也就是说，这种自由并非没有边界，更不意味着放纵。它不但受法律的约束，还要受到宗教伦理和现代文化规范的约束。正是受到这种严厉约束的个人，才有资格享受现代自由。

然而，这种对人的现代性规训对后现代人而言成为压迫力量，甚至是主要的压迫力量。后现代主义者福柯就专门著书解构这种规训。[③] 这意味着，在现代人获得充分政治自由的基础上，要求取消对人的道德约束与行为控制，反抗一切权威和压制，进一步将自由的范围扩展到社会生活的各个领域，要求更大范围的个人情欲放纵和自由意志的任性，追求新左派满足爱欲本能的“快乐的乌托邦”。也就是说，要求在现代个性自由的基础上，解除维护现代文明所需的各种“压抑”，进一步使个人完全主导自己的生活，自由地选择自己的生活方式，获得彻底的“解放”。后现代人类希望建设一种无压抑的文明，这种文明除了能产生出无限制快乐和自我满足、自我实现之外，再无他物。

英格尔哈特和维尔泽指出，向后现代政治文化的转变意味着从权威下的解放，并且是在所有领域里都促进人类的解放。它表现为民众诉求在所有的生活领域里享有更自由的选择权，或日益重视人类的自主性。他们认为，新兴的以解放为内在本质的自我表现价值观将现代化进程转变为一个人类解放的过程，即不断扩大人类在所有生活领域中的选择权和自主性的过程，其导向是一个更

① ［美］菲利普·S. 戈尔斯基：《规训革命：加尔文主义与近代早期欧洲国家的兴起》，李钧鹏、李腾译，北京师范大学出版集团 2021 年版，第 1 页。

② 参见［美］菲利普·S. 戈尔斯基《规训革命：加尔文主义与近代早期欧洲国家的兴起》，李钧鹏、李腾译，北京师范大学出版集团 2021 年版，第三章。

③ 参见［法］米歇尔·福柯《规训与惩罚》，刘北成、杨远婴译，生活·读书·新知三联书店 2019 年版。

加以人为本的新型人性化社会。[1]

具体来说，后现代人的自由从现代的政治和经济上的解放深入到所有生活领域的解放，将个人自主性领域无限扩展，演变为个人选择生活方式的自由，奉行"越自由越好，自由越多越好"的原则。它将密尔的"伤害原则"发挥到极致，即个人选择的自由的惟一界限是不伤害他人，只要不伤害他人，做什么都是允许的。[2] 它主要针对的不再是政治权力和法律规范，也不是传统社会的道德，而是经过现代文明洗礼的道德文化规范。这样，它就以"自由"或"解放"的名义走向了放纵的个人主义。现代社会普遍的人权由基本政治法律权利泛化为社会文化权利，因人而具有的普遍的抽象权利发展为依特定身份（文化群体）而产生的权利，即按照种族、性别、性取向、宗教等而形成的文化群体的权利或特权，作为某个文化群体成员的权利。以主流文化传统相悖的各种边缘化群体的价值取向和生活方式，都要求得到尊重和宽容，成为政治正确而受到特殊保护，甚至成为一种特权。这种权利不仅拒绝权力的干预，也不许舆论干预，不利于弱势文化群体或被他们不喜欢的言论没有自由，而身份的权利是否受到侵犯，以弱势群体的个人体验和心理感受为准。

平等观念的变化也是反映现代人向后现代人转变的一个重要观念风向标。现代人平等是有特定范围和内涵的，它包括人格平等、基本人权的平等、法律面前平等、机会均等、政治权利（不是权力）平等，在这个基础上，仍然存在着大量的不平等或不均平。一般而言，现代平等原则适用于所有人，但不是在所有方面平等，其中一些平等项目也不能适用于所有的人，比如政治权利平等就不适用于未获得公民权的移民、未成年人、一些精神病患者和罪犯等。而后现代人的平等大大扩展了平等的范围，从根本上改变了平等的内涵。

按后现代人的平等观念，平等应该称为均平或均等，它要求结果的均等、

---

① See Ronald Inglehart and Christian Welzel, *Modernization, Cultural Change, and Democracy: The Human Development Sequence*, Cambridge: Cambridge University Press, 2005, Introduction.

② 依据这个原则，同性恋婚姻的合法性得到证明，但这个原则也可以用来"为多重性伴侣"以及其他多种婚姻模式包括传统伊斯兰教的一夫多妻制做论证。如马克·斯坦因所指出的："为同性恋婚姻辩护的一套理由正好为穆斯林为一夫多妻制倡导者所用。致使西方国家一些地方或一些政府机构中，一夫多妻事实上合法化了。"［加］马克·斯坦恩：《美国独行——西方世界的末日》，姚遥译，新星出版社2016年版，第118页。

享受的均等。

它在经济领域要求平均主义或共享主义（communism），将一些人享有另一些人的劳动成果、依赖其他人的劳动成果生活的行为正当化。正如当代黑人保守主义思想家索维尔所说的，自奴隶制废除以来，这还是头一次，将这样的做法合法化。在政治上，它将现代的政治权利平等推进到政治权力均平化，即要求按文化身份群体所占人口比例均等分享政治权力。它将现代的政治经济平等扩展到社会文化领域的平等，即“文化平均主义”，它由现代的个人平等发展到身份平等，平等的主体不再是抽去各种身份特征的个人，而是刻意强调特定的文化身份（性别、性取向、种族、宗教）的平等。这种平等观念要求所有人都要平等，但原来处于弱势地位身份的人应该更为平等。其实是以平等的名义赋予他们以特权。甚至更进一步，它打破民族国家的界限，要求在所有领域以人类的平等取代民族国家范围内公民个体之间道德和法律上的平等，还在破除“人类中心主义”的旗帜下，在人与动物、人与自然的关系中追求平等，以至于将人类边缘化。

这种平等观念的基本逻辑是：第一，人是平等的，所有方面都要拉平（越平等越好）；第二，从后果反推过程，如果结果不平均，则必然是歧视造成的，不考虑个人的先天条件和后天努力，一律归咎为社会的责任，即歧视。这样人为拉平的结果，必然形成一种逆向歧视。因为只有以不平等的方式对待人，才能获得结果的均平。在这种平等观念支配下，在西方进步主义者那里形成了一种新的道德标准，即弱势者的利益天然合理，其要求和行为天然正当。

后现代个人主义这种对自我的认识以及自由平等观念，对现代政治意识形态进行了全方位的改造和颠覆。最近几十年在西方盛行的多元文化主义（multiculturalism）是现代的文化多元主义（cultural pluralism）的畸变，它奉行文化相对主义，不再坚持现代文明的善与恶、文明与野蛮、美与丑的区分，甚至在一些领域刻意颠倒现代伦理和审美标准，推崇甚至崇拜边缘的或异质的文化，异质性越高越得到推崇，以及于形成逆向的文化歧视。推崇和推动无限制的文化多元，解构现代主流文化。近些年在美国时髦的“批判性种族理论”（Critical Race Theory），直接宣扬一种新形式的种族主义，即针对本土主体民族的少数或外来民族的种族主义。[1] 在多元文化主义的影响下，身份政治主导着当代西方政治，甚至形成新形式的文化专制，令人闻之变色的“警醒文化”（Wokeness）和“取消文化”或“点名文化”（Cancel Culture / Callout Culture）就带有美式“文化大革命”的特征。现代的民族主义也被全球主义解构，走向后民族主义；现代女权主义也日益激进，更新叠代，具有了后现代个人主义色彩；现代民主观念也在朝后现代的民粹式民主演进。

这样，后现代的个人主义走向了自我中心的个人主义。它使个人过分膨胀，不断突破现代文化规范与禁忌，颠覆了现代文明的个人与整体、权利与权力、自由与约束、解放与压抑关系的平衡，“白人—基督教”主体文化面临被解构的命运，家庭、社区、教会、民族、民族国家等作为现代文明载体的共同体被削弱和瓦解，西方文明内部成长起衰败性的因素，自虐、自残和自杀的因素。

后现代个人主义的价值革命也改变了政治研究的主题。虽然后现代政治研究的主题目前还并不是很清晰，但我们大体能够发现新趋势的轮廓。比如它一方面热衷于解构传统的权力和共同体（如民族国家），同时却将权力作泛化的理解，突破传统权力概念的政治边界，将其泛化为社会生活、私人关系和精神活动中广泛存在的影响力和约束力，由此也带来泛政治化的政治研究。它将政治研究聚焦于身份政治与文化冲突，关注一系列后现代的议题，包括社会的“分配正义”、个人基于自我表现价值观的各种诉求，如按身份平等分享权力的诉求、个人选择的自由、日常生活中的政治，以及全球“正义”、生态与环境问题等。

七　后现代个人主义的根源：现代个人主义的基因缺陷及其校正

詹姆斯·布坎南指出：自由主义在本质上是一种导致西方自身毁灭的工

① 2021 年 6 月，美国国家档案和记录管理局（NARA）的种族主义特别工作组主张在珍藏建国美国历史文献的档案馆圆形大厅的文件中加入触发警告。预先警告观众可能导致严重生理和心理症状的内容，其中包含美国宪法、独立宣言和权利法案。工作组表示，圆形大厅是结构性种族主义的一个例子。

具，是西方自杀的意识形态。[①] 这是指自由主义内含着这种自杀的基因。更进一步说，这种基因其实已经内含于基督教之中。自由主义源于基督教，基督教孕育了现代文明的母体。它既给予现代文明以生命，也遗传了其基因缺陷。个人主义“在培育——譬如对人类尊严日益增加的尊重和人权——这样一些事物时，撒播下了它自身毁灭的种子”。[②] 这使西方现代文明带有自杀倾向。

基督教在演进的过程中，通过与希腊哲学的结合，实现了理性与信仰的平衡，并进而实现了宗教与世俗的平衡，此岸目标与终极目标的平衡，教权与王权的平衡（在上帝与恺撒之间），拒绝两个极端。其根源在于基督的神性与人性形成恰当的比例关系，这使基督教比起其他传统宗教有更多的人性关怀，更珍重人的个体生命，更强调个人的价值和尊严。

不过，这种平衡本身即意味着内在的张力。这种张力包含在基督教教义中，有时表现为《旧约》与《新约》的对立，有时表现为不同教派和历史发展不同阶段的对立。它包括：

（1）个体与整体、良心与律法的张力。基督教的世俗伦理重视家庭、教会以及其他个人之间自然关系网络的价值，但其宗教伦理则强调个体独自面对上帝、对自己超验命运负责、个体间的疏离和个体与共同体的疏离与对立。在《旧约》中，强调的是家庭、族群、律法、权威、以禁止性规范来保护的传统与秩序、特殊主义（犹太人与非犹太人、选民与弃民的区分）；但是在《新约》中，突出了个人、良心、平等、个人的自由解放（外在约束的相对化）、普世主义（打破身份界限）等的价值，这就是《旧约》的集体主义与基督教的个人主义的张力。这从耶和华在西奈山传授的十诫与耶稣的登山宝训的差异中可窥一斑。《旧约》维护共同体的宗教戒律与《新约》对个人良心至上性的强调也形成一种张力。这种张力也可以表现为犹太律法传统与新约福音传统之间的张力，比如犹太律法要求尊重私有财产，福音却要求与穷

---

① See George H. Nash, *The Conservative Intellectual Movement in America since* 1945, Wilmington: ISI Books, 2006.

② ［捷克］丹尼尔·沙拉汉：《个人主义的谱系》，储智勇译，吉林出版集团有限责任公司 2009 年版，第 14 页。

人分享财产；《旧约》要求对穷人的慈善行为，但《新约》却变成对富人和财富的诅咒。

（2）自我牺牲与奉行公义之间的张力。《旧约》突出善恶之间的对立，要求惩恶扬善的公义、以恶报恶的对等原则；而《新约》则高扬自我牺牲式的救赎观念，[①] 要求信徒奉行博爱、互惠的义务，如爱人如己、谦卑（有时表现为自虐自残）甚至以善报恶的自我牺牲伦理。基督教由沉重的负罪感产生紧迫的赎罪需要，这使其在个人生活的私域树立起很高的道德标准，奉行自我牺牲的伦理，但在公共领域，承认维护公义、惩恶扬善的规则。不过随着社会的日益文明化和人道化，信徒在现实生活中很容易混淆这两者的区分，将个人生活中自我牺牲的伦理发展为在公共领域的自虐、自残与自杀的伦理。如今被中文舆论界称为“白左”的后现代进步主义，就是这种负罪与救赎文化的畸变，它已经成为一种自残自虐和自杀式的宗教。

（3）信仰与理性、人生的双重目标（此岸与彼岸）之间的张力。基督教虽然实现了两者的平衡，但随着历史发展，人的能力的提升，在基督教哺育下个人的成长，使理性能力无限地发展，从而在希腊理性传统与希伯莱启示（信仰）传统之间失去平衡。理性日益排挤信仰的空间，世俗领域日益扩张而使彼岸目标变得淡漠。社会的世俗化趋势难以逆转，基督教日益走向衰落，面临消亡的命运。

（4）属灵权力与属世权力之间的张力。前现代社会的普遍特征是政教合一，惟有西方基督教演化出了政教二元化模式。不过，这并非现代式的政教分离，而是精神权力与世俗权力的分离，两套权力体系的分离（the separation of spiritual and temporal power），从而形成一种平行存在且相互支持的关系。在此基础上，现代文明实现了“政教分离”（separation of the church from the state 或 separation between church and State），但这种模式也为后现代社会的彻底世俗化，抽空世俗

---

① 当代保守派犹太作家丹尼斯·普拉格（Dennis Prager）曾指出，在西方人心灵深处，我们有一种乖戾的自以为义的自杀性哲学。“它的讽刺性表现在它在某种程度上是在效仿基督。‘为了我们的信仰，让我们钉上十字架吧。’它确实是西方文化中的一种要素。它就像一种自我惩罚——为事业而受苦是一种高贵行为——换言之，如果你的事业很崇高，为事业而受苦就是崇高的。”https://www.jpost.com/diaspora/article-744356#google_vignette.

政治的宗教根基打开了大门。

总之，由基督教孕育的现代文明实现了个人与整体间的动态平衡，创造了人类历史的黄金时代，但由其内在张力所决定，它同时也存在着走向失衡的可能。其方向就是个人中心，个人至上，从而使基督教伦理对解放了的个人的规训失去了效力，现代文明共同体被解构。基督教会本身也在时代大潮的裹挟下，被后现代主义所渗透。

从基督教中演化出来的古典自由主义也内含着上述张力，其自然法、自然权利和契约论中都包含着社会原子化的倾向，亦即隐含着向个体倾斜的基因。从根本上来说，个人一旦被释放出来，就有内在的成长的必然趋势，个人与整体的平衡必然会被打破。当现代文明走向成熟而衰老的今天，这种基因开始显化出来。

当古典自由主义获得主导地位后，以伯克为代表的保守主义传统开始警惕古典自由主义内在的危险倾向。它反对将人视为孤立的原子，强调人的社会性本质；反对将社会视为纯粹的人为组织，强调社会的有机性纽带和文明的精神基础；批评自由主义的理性论过高估计理性的作用，从抽象原则出发设计和改造社会，强调传统、经验和习俗的价值；反对自然法（自然权利）理论和契约论将社会原子化，重视个人但同时也重视社会共同体的价值，包括家庭、社区、宗教、国家等；它珍重个人自由和权利，但反对个体脱离整体，强调社会并不是契约论式的个人的集合，而是由紧密联系、相互依存的成员组成的有机体，个人权利要求与社会整体需要之间必须保持平衡；它强调历史的连续性，维护权威与合理的等级秩序，特别是社会的基督教根基；它支持缓进的改良，反对激进革命的审慎态度，也对自由主义的内在失衡进行制约和校正。所以，保守主义最初是对自由主义的纠偏，对其内含的基因缺陷的校正，也是对其内在的向后现代个人主义的发展趋势的警惕与抵制。当西方社会向后现代社会转变时，它就成为现代个人主义的捍卫者，也是现代文明的守护者，理所当然地，它成为后现代个人主义的天然对手。这就是近些年西方保守主义复兴的缘由。

就其所生活的时代和所面临的主题和对手而言，当代西方复兴的保守主义的主流也是后现代保守主义。① 不过，它不是以后现代主义观念为基础的保守主义，而是它的生活“情境”属于由现代文明向后现代文明转型时期，其保守倾向抵制的是后现代进步主义者所推动的后现代进程，而其主要的对手则是各种后现代进步主义思潮。这些后现代主义思潮的基本精神，是后现代个人主义价值观，而保守主义所维护的是现代个人主义价值观。在当代西方，它成为捍卫现代文明的基本价值，抵制走向后现代文明趋向从而也就是抑制西方文明蜕化衰败的主要力量。

（责任编辑：何瑾）

① See Matthew Mcmanus, *The Rise of Post-Modern Conservatism*, *Neoliberalism*, *Post-Modern Culture*, *and Reactionary Politics*, London: Palgrave Macmillan, 2020. Matthew McManus, “Understanding Postmodern Conservatism: A Reply To Aaron Hanlon”, *Quillette*, Published on September 4, 2018, https://quillette. com/2018/09/04/understanding-postmodern-conservatism-a-reply-to-aaron-hanlon/ “保守的后现代主义，后现代保守主义”概念源于彼得·劳勒，See Peter Augustine Lawler, “Conservative Postmodernism, Postmodern Conservatism”, *Intercollegiate Studies Institute*, October 8, 2014, https://isi. org/intercollegiate-review/conservative-postmodernism-postmodern-conservatism/。不过上述两个作者将当代西方保守主义视为后现代主义的一个分支。本文对这个概念的理解与两位作者不同。后现代保守主义不是基于后现代精神的保守主义，而是维护现代文明的基本价值，也就是现代个人主义价值体系的保守主义，所以属于现代主义范畴。

视域与方法：中国政治思想史研究中的社会科学*

张师伟　曹　姣**

内容摘要：中国政治思想史研究有着悠久的历史，但作为一个学科，它的历史还仅有一百年多一点。西方社会科学传入中国，客观上促成了中国政治思想史研究的划时代转变，学科由此而诞生，并形成了最初的专业研究人员，就此而言，社会科学视域和方法是中国政治思想史研究成为一个学科的必要条件。一百多年来，中国政治思想史研究的学术发展基于不同历史阶段的社会科学现状，形成了不同研究范式，获得了丰硕研究成果。它在当今及以后的学术发展及可能的学术贡献也在于将自身融化在中国政治学知识体系里，并由此而对世界范围内的政治知识做出普遍性贡献。社会科学视域和方法在中国政治思想史研究中应得到广泛应用，这是它所担负的学术使命向它提出的基本要求。

关键词　中国政治思想史；社会科学；学科诞生；研究范式；学术贡献

中国政治思想史研究如果以进行政治知识的总结和反思为工作内容，那么它的历史就极为悠久，可以上溯至《庄子·天下篇》和《韩非·十二子》，但如果以学科化的知识生产来界定其工作内容，那么它的历史就很短，只有区区一

* ［基金项目］本文系国家哲学社会科学基金项目“中国传统政治哲学的现代转换与创新发展研究”（项目编号：22XZZ010）的阶段性研究成果。

** ［作者简介］张师伟（1973—　），男，山西汾阳人，西北政法大学政治与公共管理学院教授，主要从事中国政治思想史、政治学理论的教学与研究工作；曹姣（1993—　），女，湖南新化人，西北政法大学政治与公共管理学院博士研究生，主要从事文化安全的研究工作。

百年多一点的历史。[①] 作为一个学科化的知识生产领域，它必定要体现知识体系学科分化的视域、方法和逻辑，从而使自身的从业者也得以进入现代社会知识生产的分工体系。中国政治思想史作为一个学科的诞生，无疑要体现政治学的视域、方法和逻辑，在认识、分析和评价中国政治思想史内容的时候，也不能不使用政治学的概念、命题、判断及理论框架，并由此而不得不把自己建立在政治学知识体系及学科方法的基础上。[②] 当然，其他学科的知识，如历史学、经济学、社会学等学科的概念、命题、理论等，也在中国政治思想史的学科化研究中发挥了较为明显的作用。值得注意的是，中国 20 世纪前半叶接受的社会科学知识体系，虽然还有着思辨哲学的明显影响，但实证主义的影响也极为突出，其中历史学的社会科学化趋势尤为值得关注，历史学“将具有更多更强的社会科学性”。[③]

现代政治学的发展虽然展现出了实证主义的主导趋势，但也明显地出现了学科交叉和融合的态势，其今后的发展也还得延续多学科交叉和融合的方向，广泛接受其他学科的知识养分及理论滋养。中国政治思想史学科作为政治学理论体系的重要组成部分，自然也要广泛接受其他学科的知识养分及理论滋养，并反过来向社会科学理论研究工作贡献它的知识养分及理论滋养。中国政治思想史研究的社会科学价值需要得到研究者的高度重视，并通过研究工作得到深度发掘。一方面，它要向中国政治学知识体系建构输送具有社会科学价值的知识养分和理论支持，[④] 形成中国特色政治学的理论体系、学术体系和话语体系；另一方面，它还要面向世界范围内的政治知识生产提供中国视角的知识养分和理论支持，[⑤] 补充世界范围内的主流政治知识体系的不足，矫正其偏颇，并进一步促进世界范围内主流政治学的进一步发展。研究者如何评价中国政治思想史

---

① 杨阳：《历史、现状与未来——中国政治思想史学科发展的百年回顾》，《政治学研究》2019 年第 6 期。

② 张师伟：《中国政治思想史研究的百年回眸与学术省思——本土政治理论的概念检视与话语梳理》，《人文杂志》2019 年第 2 期。

③ 虞和平：《历史·时代·历史学与社会科学》，《历史研究》2004 年第 4 期。

④ 张师伟：《中国政治思想史研究的知识取向与多学科方法》，《政治思想史》2021 年第 1 期。

⑤ 张师伟、贺姣：《中华优秀传统政治文化传承与发展的科学态度与理论加工》，《贵州大学学报》（社会科学版）2023 年第 6 期。

研究百年历程中的社会科学传统，中国政治思想史研究怎样进一步凸显社会科学的视域和方法，怎样在中国政治思想史研究中充分发掘其社会科学价值，就成了中国政治思想史研究学术反思工作的首选内容。

一　社会科学视域下中国政治思想史研究的百年学术审视

人类很早就拥有了较为系统的关于社会与人的知识，但人类关于社会与人的知识获得社会科学的理论架构却为时很短。以社会科学的视域来审视古今中西关于社会与人的知识内容，我们很容易发现其知识形式的诸多非科学性特质，即使以形式逻辑推理见长的古希腊知识也不能例外，尽管古希腊关于社会与人的知识对近现代社会科学的发展有一定积极影响。伴随着近代自然科学知识的发展，科学作为知识体系的逻辑化呈现结果，在对自然世界进行普遍化理解和合理化解释方面展现了前所未有的魅力，认识结果的正确性及其对实践领域的强预期性，在很大程度上确立起了科学的权威。“从伽利略到牛顿，自然科学在凯旋行进，使人们获得了如伽利略所说的可与神明相比的确实知识。”① 虽然近代以来，人们在研究人类与人的领域，也取得了一些重要的研究成果，但研究方式及知识形式等还主要是延续了古典传统，既保持了较高的哲学思辨性，也具有较强的理论逻辑性，但却还不是建立在经验的基础上。因为西方国家在进入近现代历史阶段以后面临着来自社会实践的诸多疑难与挑战，所以一些研究社会与人的学者，如孔德等，倾向于仿照自然科学，把关于社会与人的知识也建立在经验基础上，强化基于经验归纳和逻辑演绎的知识的普遍有效性，追求建立关于社会与人的科学。② 经济学、社会学、政治学及管理学等社会科学知识体系就在这个过程中被建构了出来，并伴随着西方列强的势力而走向全球，既在根本上影响了人类知识的版图结构，也深刻影响了各国人民的历史命运。

① 李泽厚：《批判哲学的批判——康德述评》，人民出版社 1979 年版，第 25 页。

② ［美］刘易斯·A. 科瑟：《社会学思想名家》，石人译，中国社会科学出版社 1990 年版，第 1—2 页。

中国经历了数千年的历史发展，在各个方面都形成了自己的知识体系，并以自己的知识体系保证了历史发展的连续性，促成了中华民族传统文明由稚嫩而走向成熟，其中政治知识的体系化发展尤为突出，也在历史上产生了重要而深远的影响。① 不过，中国传统时代的政治知识体系虽然丰富、完整且包含智慧，但是它在知识形式上却并不符合社会科学的范式，在知识体系的清晰、严谨等方面远不能与西方发展起来的政治学相比，它也由此而不能完成中国传统政治知识体系的学科化架构。② 中国传统政治知识体系的学科化架构，不能依靠传统的理论逻辑来完成，必须要等到西学东渐给中国输入西方社会科学体系后，才有了实质性开始。晚清时期，传统士人群体在接触西学的过程中发生了分化，其中一些人受西学影响相对较大，既关心着西方列强的政治知识与政治实践，也开始使用一些西方传入的概念来认识和分析政治，政治词汇也在西学东渐中发生了潜移默化的普遍变化，旧概念的含义也发生了很大的变化，如民主。③ 尽管如此，但学科化的知识体系并未及时建立起来，中国传统政治知识体系的研究也没有发生明显的变化。直到戊戌变法失败后，一些士人流亡日本才真正接触到了日本化了的社会科学，而正是社会科学知识的输入和消化，才真正促成了中国首次出现了学科化知识传承的高等教育机构——大学。政治学专业教育的开展，客观上提出了学科化讲授中国传统政治知识的需求，而政治学知识体系的输入也提供了学科化讲授中国传统政治知识的知识条件。④ 20 世纪 20 年代初，梁启超等正是依托西方政治学知识体系，梳理了先秦时期政治学说内容，写出了《先秦政治思想史》，开启了中国政治思想史研究工作学科化的端倪。

中国政治思想史学科的诞生也就在 20 世纪 20 年代初西方社会科学知识输入积累到一定程度时水到渠成。但是这并不意味着中国政治思想史研究已经获得

---

① 陈旭麓：《近代中国社会的新陈代谢》，上海人民出版社 1992 年版，第 15—19 页。

② 张师伟：《中国政治思想史研究的百年回眸与学术省思——本土政治理论的概念检视与话语梳理》，《人文杂志》2019 年第 2 期。

③ 张师伟：《近代中国视野中的“民主”释义》，《中国社会历史评论》2010 年总第 11 卷。

④ 王昆：《晚清时期西方政治学引入的两种学术体系——以伯伦知理与小野塚喜平次为中心的讨论》，《湖南师范大学社会科学学报》2016 年第 2 期。

了社会科学知识体系的充分支持，而仅仅意味着它获得了成为学科化知识体系所必须的社会科学知识底线，在其以后的学科化发展中，吸纳社会科学知识仍然是一个必不可少的基础性工作，并在很大程度上决定着中国政治思想史研究的知识生产质量。① 当然，毋庸讳言的事实是中国政治思想史研究学科化知识生产的初始条件在学术准备上并不充分，即中国政治思想史研究早期的学科工作者，并没有机会通过正规的学科教育路径获得较为完整的社会科学知识，他们所拥有的社会科学知识也较为零碎，还缺乏理论结构的完整性，甚至缺乏基础知识层面的准确性，在社会科学知识的总量上也存在明显的不足。② 研究者所具有的社会科学知识的情况，在很大程度上决定了中国政治思想史研究在学科化知识生产之初必定存在诸多学术性的明显瑕疵，比如一些著作中存在着萧公权所批评的对民主概念的比附性理解。③ 因为社会科学知识体系的不完整及社会科学知识总量的欠缺，一些研究者在研究中国政治思想史的时候，客观上存在着将认识对象陈述得过分简单化的弊端，将丰富复杂的政治思想事实归纳概括为某个过分简单化的概念标签，出现了以法家法治为现代法治的不准确认识，管子等所谓法治实际仍不过是人治。④ 再比如有的研究者因为对现代政治知识的掌握不够，从而把某些关键性政治概念解读得过分简单，以至于不能正确地理解和解释中国传统政治概念的准确含义，并由此而曲解了中国传统政治命题及发展脉络，把黄宗羲界定为从民本走向民主的开端。⑤

中国政治思想史研究的学科化知识生产，伴随着社会科学知识体系的普及与专业性人才培养工作的展开，展现了其生产质量逐渐向好的态势和趋势。它一方面得益于中国在四十余年改革开放过程中面向世界、面向现代化、面向未来的社会科学恢复及发展，通过广泛学习和深入钻研，积累起来了内容较为丰

---

① 张师伟：《中国政治思想史研究的百年回眸与学术省思——本土政治理论的概念检视与话语梳理》，《人文杂志》2019 年第 2 期。

② 杨阳：《历史、现状与未来——中国政治思想史学科发展的百年回顾》，《政治学研究》2019 年第 6 期。

③ 萧公权：《中国政治思想史》（弁言），新星出版社 2005 年版，第 3 页。

④ 萧公权：《中国政治思想史》，新星出版社 2005 年版，第 137 页。

⑤ 李存山：《从民本走向民主的开端——兼评所谓“民本的极限”》，《华东师范大学学报》（哲学社会科学版）2006 年第 11 期。

富和理论形态日益完整的社会科学知识体系，从而在宏观上改善了中国政治思想史研究的社会科学知识基础，并出现了研究范式的多样化。[①] 它既提供了作为主要参照系的西方政治的充分知识，从而使研究者能够准确地区别中国传统政治学说与西方政治学说的根本不同，而告别对中国传统政治学说的比附性理解和依附性解释，也提供了中国传统政治学说的诸多背景、情境、语境等多方面的知识，使研究者能较为准确深入细致地了解和呈现政治学说的事实，告别对政治学说文本的片面化解读，形成了“中国政治思想史研究中的王权主义学派”。[②] 另一方面，它还得益于专业化教育的顺利展开，它使得中国政治思想史研究所依赖的社会科学知识体系，在学科构成上逐步呈现出了以政治学知识体系为主的特点，并通过政治学专业人才的培养方案得以提供了较为充分的关于古今中西政治的知识储备，并形成了政治学分支学科的范式意识。[③] 这就造成了研究者能够以政治学专业的视域与方法研究和审视中国传统政治知识的条件，既使研究者能够较为准确地进行政治思想事实的判断，在概念界定、命题解析和理论解释上清晰准确，也使研究者能够对中国传统政治知识进行准确合理的内容解析和学理剖析，给出合适的逻辑定位，进行恰当的理论评价。

二　正确理解中国政治思想史研究的社会科学视域与方法

中国政治思想史研究经历了百余年的学科化努力，尽管已经取得了丰硕的成果，但也仍然存在着社会科学视域和方法方面的应用不足问题。虽然研究者在要不要应用社会科学视域和方法上有着广泛共识，即运用社会科学的视域和方法来研究中国政治思想史是一个总的趋势，因为唯有社会科学化的知识生产才能使中国政治思想史研究者加入知识生产的行列中，把中国政治思想史研究

① 张师伟：《范式争鸣与方法反思——改革开放四十年来的中国政治思想史研究》，《政治思想史》2019年第2期。

② 李振宏：《中国政治思想史研究中的王权主义学派》，《文史哲》2013年第4期。

③ 季乃礼、李雪超：《中国政治思想史研究的政治学范式》，《中共宁波市委党校学报》2019年第4期。

汇入到社会科学知识生产的历史洪流中。但学术界在如何界定社会科学视域和方法上，特别是如何界定中国政治思想史研究的社会科学视域和方法上还存在较大分歧。有一些学者以为政治思想史研究无非就是面向史料进行文献解读，其核心工作内容只是理解和解释不可再生的文献，并由此而认为中国政治思想史研究无需或不能应用社会科学视域和方法。[①] 但实际上，中国政治思想史研究中的理解和解释也在很大程度上依赖于社会科学视域和方法，比如材料真伪、版本源流、思想事实认定等都无不依赖于社会科学视域和方法，不仅会用到诸如政治学、社会学、民族学、人类学等知识体系，而且也会用到考古学、语言学、古文字学、版本学等学科的知识体系。有的学者认为所谓社会科学视域和方法就是用“简明清晰的呈现方式”，“让读者一目了然地获得理解框架”。[②] 研究者据此把研究对象的内容体系进行社会科学化的推演，提炼研究对象包含的政治科学问题，建构研究对象的论述或论证逻辑，依据史料，对研究对象的内容进行理论推演，呈现研究对象关于特定问题的结论，并据此对研究对象进行评价。这个款式的研究当然体现了社会科学视域与方法，但它是否就是中国政治思想史研究应用社会科学视域与方法的标准，还颇为值得商榷。

中国政治思想史研究应用的社会科学视域与方法，首先需要得到研究者正确的理解，正确理解是恰当运用的前提，而只有恰当地运用才能充分发挥其在研究中的作用。一般来说，社会科学提供了一套关于社会及人的完整知识体系。它既包含着学科化的知识体系构造，从而得以呈现不同学科建制的知识体系构成，并以概念、命题、判断等方式，展现了其细致呈现现象事实和严谨论述规律性内容的知识内容；又实现了对特定领域现象的专业化的观察、概括及规律性内容的归纳、总结和提炼；还在一定程度上实现了不同学科知识体系与理论观点的整合和融合，其中主要是历史学、政治学、社会学、文献学及哲学等学科化知识的整体化融合，以满足中国政治思想史研究在资料处理及内容分析等方面工作的基本需求。[③] 一方面，社会科学知识体系提供了研究者认识和

---

① 杨光斌：《历史政治理论序论》，《社会科学》2022 年第 10 期。

② 包刚升：《儒法道：早期中国的政治想象》（序言），广西师范大学出版社 2023 年版，第 3 页。

③ 张师伟：《中国政治思想史研究的知识取向与多学科方法》，《政治思想史》2021 年第 1 期。

分析中国政治思想史诸多事实的基本背景，可以让研究者避免因相关知识不够确切和有关知识不够充分而在政治思想事实的判断上出现错漏偏颇，比如研究者如果对古往今来民主政治发展的脉络有着清晰、细致、准确、充分的知识储备，就不会在判断中国传统时代是否有议会思想的事实判断上出现错误，从而将黄宗羲的学校误以为是掌握了立法权的政治机构；① 另一方面，社会科学知识体系也给研究者提供了认识和分析中国政治思想事实的理论视角与分析工具，从而不仅能够精准地从思想家的诸多理论成果中分离出完整的政治思想体系，也能对思想家的政治思想体系进行细致详尽的内容描述，更能周密严谨地呈现出思想家的理论逻辑与思维特点等。② 社会科学知识体系实际上既给研究者提供了一双理论的慧眼，以实现学科化的精致观察与细密呈现，也提供给研究者以必要的剖析工具，以展现思想家的问题意识与理论逻辑。

社会科学视域和方法的运用，既不是要以现代社会科学的问题意识、解释体系与理论逻辑，重新架构中国政治思想史的内容体系，也不是要把中国政治思想史的内容体系，纳入现代社会科学的理论架构中，更不是为了让中国政治思想史的内容体系来优化社会科学的解释体系，而是优先服务于呈现中国政治思想史客观的内容体系。中国政治思想史的研究对象是历史上形成的各种关于政治的概念体系、观点体系与理论逻辑。它的研究对象在内容体系上有相当强的客观性和确定性，思想家使用了哪些概念，提出了哪些命题，论述了哪些观点，遵循着什么样的推理思路，得出了什么样的结论，要解决什么样的政治问题，都已经客观地存在了，既不容回避，也无可讳言。今天的研究，不论如何都需要尊重这种基于客观思想事实的基本前提。社会科学视域与方法的使用，首要目的即在于更细致客观地呈现中国政治思想史上的思想事实。尽管政治思想事实已经客观地存在于传世的思想文本中，但事实能够在多大程度上得到呈现却仍然要依赖于观察的手段，进行一定的考实性认识，③ 社会科学的视域和方法恰恰就提供了观察和分析思想事实的诸多细致而先进的手段，特别是其中

① 崔罡：《论黄宗羲的“治法”思想——以政府与学校的关系为中心》，《管子学刊》2023 年第 1 期。

② 张师伟：《中国政治思想通史的贯通性理解与整体性呈现》，《南京师大学报》（社会科学版）2016 年第 5 期。

③ 刘泽华、叶振华：《历史研究中的考实性认识》，《文史哲》1989 年第 1 期。

的政治学视域与方法，更有利于研究者精准熟练地把握住政治思想事实的内涵，既能够对相关政治概念进行准确的理解与阐释，也能够充分呈现其中的学理化科学内涵。[①] 正如马克思所言，“人体解剖对猴体解剖是一把钥匙，低等动物身上表露的高等动物的征兆，反而只有在高等动物本身已被认识了之后才能理解”[②]，社会科学视域与方法作为人类社会在政治上高度成熟的知识成果，在理解和呈现人类社会在政治上还不很成熟时期的政治思想事实上，也具有同样的效果，既有利于准确、充分地理解和呈现政治思想家创造的诸多概念、范畴及命题等，也有利于对它们做出恰当的评价，从中汲取科学养分。

社会科学视域与方法的使用，在一定程度上要求中国政治思想史研究者要具有较为完整的社会科学知识体系，能够体现出学科化思考的学理精致性，特别是政治学视域与方法的使用，能够让研究者更好地理解古人曾经追问过的具体政治问题，理解古人曾经热议过的政治话题，并能够更详尽合理地展现其中的理论逻辑，总结其形成、发展及趋于成熟的规律，并对其内容体系进行理论价值或实践价值的评析。从这个意义上说，中国政治思想史研究需要充分使用归纳法。[③] 当然，社会科学视域与方法的应用在这里仍然受到研究对象客观性内容的局限，以充分发掘研究对象中所包含的学理内容和呈现研究对象的规律性为主，而不能以研究者的问题取代了研究对象的问题，以研究者的理论逻辑取代了研究对象的思想理路，否则就有违学术研究的科学性原则。研究者只有返回政治思想家的思考现场，“从政治思想提出或涉及的具体政治问题入手，按照实事求是的原则，尽可能客观公正地描摹和评价政治思想的内容”[④]，才能在较大程度上避免以己度人的尴尬。毕竟中国政治思想史研究的科学目的，还是要在叙述相关思想事实的基础上，分析其在历史进程中的态势与趋势，总结发生、发展与走向成熟的客观规律，评价其理论意义和实践价值。实际上，不论是它的理论意义，还是它的实践价值，都已经在历史进程中有了较为充分的显示，并因其客观性而难以回避或改变。在这方面，历史主义的原则特别重要，研究

① 张师伟：《中国政治思想史研究的知识取向与多学科方法》，《政治思想史》2021 年第 1 期。

② 《马克思恩格斯选集》第 2 卷，人民出版社 2012 年版，第 705 页。

③ 刘泽华：《中国政治思想史集》第 1 卷（再版弁言），人民出版社 2007 年版，第 2 页。

④ 张师伟：《民本的极限：黄宗羲政治思想新论》，中国人民大学出版社 2004 年版，第 5 页。

者“在评价一个思想体系时必须根据它自身的目标和其所处的历史背景，根据它与其以前以后体系的比较，根据它的前因后果以及它带来的进步评价它”[①]。它在今天的意义和价值当然也在研究者考察的范围内，但却也不能仅以发掘其在当今的意义与价值为社会科学视域下的唯一研究工作内容。毕竟思想者们的思考并不曾以概念、命题及观点等是否有益于今人为准则，这类话题也从未进入研究对象的理论视域。如果研究者以今人的问题意识和理论逻辑为理论容器，来盛放古人的思想内容，究竟也还是不能摆脱削足适履的嫌疑，反而折损了研究对象可能带给研究者的理论裨益。

三　中国政治思想史研究对社会科学视域与方法的要求

中国政治思想史研究只有运用了社会科学视域与方法，才能入列现代学科化知识体系，而中国政治思想史研究质量在根本上也恰恰取决于研究者在多大程度上运用了社会科学视域与方法。回顾百余年来的中国政治思想史研究，不难发现一切中国政治思想史成果，都在某种程度上运用了社会科学视域与方法，但因为研究者在社会科学方面的修养程度有别，且掌握社会科学的知识总量及其准确性也有一定差异，以至于中国政治思想史研究中是否体现了社会科学的视域及是否运用了社会科学的方法，也在一般读者的心目中成了问题。[②] 但实际上，分析以往中国政治思想史的研究成果，不难发现中国政治思想史研究对社会科学视域与方法的使用早已提出了相当高的要求。社会科学视域与方法的运用，不仅在很大程度上让中国政治思想史研究，走出了单纯的“资治”的应用性价值取向，即研究者已经明确意识到了中国过去的理论或知识，并不能简单地应用于现在，而走向了“求真”的认识论科学取向，即科学研究所追求的目的并不是致用，而是要在搜集、汇总有关信息和总结有关事实的基础上，呈现

① ［美］弗兰克·梯利：《西方哲学史》，贾辰阳等译，光明日报出版社2014年版，第2页。

② 包刚升：《儒法道：早期中国的政治想象》（序言），广西师范大学出版社2023年版，第3页。

事物发展的规律性，从中揭示相关的普遍性学理。[①] 中国政治思想史研究的目的，也主要在于呈现相关的政治思想事实，进行概念、命题及判断等的理解和解释，并在此基础上总结归纳其发展的趋势，展现中国政治思维的特质，揭示其中的客观规律，评价政治思想客观上展现出来的理论意义和实践价值。在这个过程中，社会科学视域与方法的应用是一个必要的条件，否则就不能达成其科学研究的目的。

中国政治思想史研究的对象存在于过去的时代，那个时代已经属于历史，并一去而不复返了。今天的研究者绝不可能与自己的研究对象展开对话，从而也就根本不可能就概念的理解、命题的解释、命题的含义等讨教于研究对象，而只能面对着各种传世文献，进行政治思想史研究，从而其研究工作不能不带有较为强烈的历史学属性，并必须运用历史学的视域与方法。[②] 中国政治思想史研究者在研究中面对的政治问题、政治议题等都属于特定的时代，且带有诸多地域性的具体限制，不同文明单位的思想者在不同的历史时期，面对的具体政治问题完全不同，先秦诸子所面对的政治问题、争论的政治话题及提出的政治命题等都迥然不同于古希腊，也不同于西方政治知识体系形成的历史时代。研究者和研究对象在政治问题、政治议题及政治命题上存在着时代性的隔阂。“史家要认识的是昨天和前天，而史家本人却生活在今天。”[③] 研究者能否准确理解研究对象的政治问题、政治议题和政治命题，关键就在于历史学视域与方法的恰当运用。它首先要求研究者务必采取历史主义的态度与方法，一定要把研究对象的理论观点置于具体历史环境中，明了特定历史时代面对的具体政治问题，清楚研究对象何以会提出特定议题的具体情境及相关话题的具体语境，在思想和社会的互动中理解和解释具体的政治概念及命题、观点等，明了思想家理论内容的社会历史渊源，结合理论在历史实践中的影响来评价思想内容的价值。[④] 其次，它还要求研究者尽可能地立足于充分而可靠的史料，充分使用历史学乃

① 张师伟：《中国政治思想史研究的知识取向与多学科方法》，《政治思想史》2021 年第 1 期。

② 张师伟：《中国政治思想通史的贯通性理解与整体性呈现》，《南京师大学报》（社会科学版）2016 年第 5 期。

③ 刘泽华、张国刚：《历史认识论纲》，《文史哲》1986 年第 5 期。

④ 刘泽华：《开展思想与社会互动和整体研究》，《历史教学》2001 年第 8 期。

至文献学的方法，在材料充分且可靠的基础上，归纳总结史料中的有关内容，力争做到以研究对象的政治问题为政治问题，深入研究对象所探究和讨论的政治议题，从研究对象的政治话题中搜寻和整理研究对象得出的诸多政治命题，进入研究对象的理论世界，准确理解其含义，完整呈现其意义，只有如此，才能真正有效地最大限度缩小研究者和研究对象的时代隔阂。①

中国政治思想史的研究对象是历史上传承下来的政治理论文献，其中的政治问题、政治议题、政治概念、政治命题、政治判断、政治观点等，都展现着政治与其他领域的差别性，而凸显着不同时代不同空间中政治的诸多共同性。②研究者如果掌握了完整且充分的政治学知识，就能够在中国政治思想史研究工作中比较精准深入细致地理解和解释有关的政治概念、政治命题、政治判断和政治观点，而不至于出现诸多理解和解释方面的错误或疏漏。比如民主虽然在现在被认为是全人类共同价值，但它源于西方政治传统，且在各个时代都有其确定的含义，现代民主如何从西方的政治传统中发展出来，也早已在政治学领域获得了充分合理的解释，但中国政治思想史研究者如果立足于民主作为全人类共同价值，而罔顾其如何从西方政治传统中发展出来的轨迹和演变中的知识，那么他在研究中国传统重民思想的时候，就会在政治问题、政治议题、政治概念、政治命题及政治观点的理解和解释上出现知识性错误，并由此而出现诸多误把重民当做民主的认识错误。③ 研究者的政治学视域与方法也能够提高相应的学识及理论水平，从而既能够对不同政治思想家的理论工作成果进行优劣好坏的评价，准确公允评判不同政治概念、政治命题及政治判断等的理论价值与实践意义，也能够对研究对象所建构的理论框架、知识体系及所体现的政治思维方式进行比较，从而能够梳理出不同理论流派及思想家之间的理论联系网络。这就有利于研究者在总体上把握中国政治思想史发展的态势和趋势，也有利于

---

① 刘泽华：《中国政治思想史集》第1卷（再版弁言），人民出版社2007年版，第2页。

② 王楷模、张师伟：《政治思想一般性质的哲学分析》，《宝鸡文理学院学报》（社会科学版）2004年第3期。

③ 蔡定剑：《论孟子思想中的民主意识》，《法学评论》1991年第4期；李存山：《从民本走向民主的开端——兼评所谓“民本的极限”》，《华东师范大学学报》（哲学社会科学版）2006年第11期；胡克森：《试论孟子的民主思想》，《邵阳学院学报》2006年第3期。

研究者真正把握政治理论发展的动力所在及其局限性所在，进而如实而公正地评价不同历史阶段各个流派理论家的思想成果。

中国政治思想史研究所运用的社会科学视域与方法，尽管涉及多个学科领域，且其中的各个学科领域都有自己完整的知识体系与研究方法，彼此之间存在清晰的界限。但当多个学科的社会科学被运用到中国政治思想史研究领域的时候，却又需要将不同学科的社会科学知识体系融合起来，既形成一个密切联系且不可分割的知识体系，也形成一个多学科协调融合而成的崭新视域。任何视域的片面性都会表现为研究成果上的某些明显局限性。有的学者在视域上过分强调了“古为今用”，并特别强调要立足于今天的现实需要而到政治思想史上寻找材料，或者以为政治思想史研究就是“揭示、展示乃至于实现中国源远流长之固有政治思想永恒性和普遍性”，① 或者以为政治思想史上存在着的现代要素可以为现代政治解释理论所用，并因此而仅仅满足于从政治思想史上寻找现代政治学解释体系能够使用的要素。② 如此视域，就难免陷入狭隘的窘境，并由此而不能充分展现中国政治思想史作为学科化知识体系创造者的理论功能。因此，中国政治思想史研究务必要在运用社会科学视域与方法的时候，讲求理论视角的综合性融通，把不同学科的视角与方法融合为一。研究者既要有历史学的视域与历史主义的方法，能够在特定历史环境与话语情境下进行概念、命题及判断等的理解与解释，把思想和社会有机地联系起来，在历史演进中理解政治思想发展态势与趋势等；也要以经济学的视域与方法来审视政治命题与经济发展脉络的关系，注重社会经济基础对政治命题等的基础性影响；也要展现出政治学视域与方法，精准把握特定时代的政治问题及特定思想家的政治概念及命题、判断、观点等，呈现研究者的政治理论逻辑与政治思维方式；③ 更要在评述和评论等环节展现历史视域的宏阔与理论分析方法的细致，充分呈现研究成果的学理性内涵。

---

① 姚中秋：《重建中国政治思想史范式》，《学术月刊》2013 年第 7 期。
② 杨光斌：《历史政治理论序论》，《社会科学》2022 年第 10 期。
③ 张师伟：《中国政治思想史研究的知识取向与多学科方法》，《政治思想史》2021 年第 1 期。

四　中国政治思想史研究的社会科学知识供给及学术贡献

中国政治思想史研究进入了学科化的知识生产行列，就要在学科化的知识生产中发挥应有的作用，并以此积极反哺于社会科学的发展。罗马城不是一天建成的，政治学的学科化知识生产有着悠久的历史，政治学知识体系的成熟和发展不能无视历史，既不能无视人类数千年来的政治实践史，也不能无视知识生产的悠久历史及其所积攒起来的知识成果。有的学者在谋划政治学知识发展的时候，试图甩开历史积累的经验及有关知识，仅以实践为渊源来形成新理论。“它要求从认识实践出发，通过对大量实践现象的归纳，探求‘实践的逻辑’，从而提炼出经验性知识并进一步上升到理论与概念体系的建构。”[①] 但正如“有人试图完全独立于前人的工作构造出一个哲学体系，与文明初期的粗糙理论相比，他不可能走得更远”。[②] 这种理论研究之不能取得高品质成果自在情理之内，因为仅凭某个政治理论家的实践阅历和智慧并不足以建立起一个具有理论普遍性的政治知识体系，而只有依托人类自古以来的全部政治经验和众多政治思想家的智慧贡献，才足以生产出具有理论普遍性的政治知识体系。一方面，政治知识的生产目的是提供普遍必然性的理论，它需要尽可能充分地面向人类已有的政治经验，但以往人类的诸多政治经验却并不能直观地呈现在研究者面前，只能间接地存在于以往关于政治的诸多讨论中，忽视了关于政治的诸多讨论，就关闭了通往以往政治经验的门径，并由此而不能不陷入一种狭隘的经验论情境。另一方面，政治知识生产者不论如何博学深思，都会面临“智者千虑必有一失”的局限，而政治思想史却提供了众多“愚者千虑必有一得”的参考，众人拾柴火焰高，政治理论研究者只有坐集千古之智，才能在理论研究上尽可能地实现创造的跃进，而生产出高质量的知识成果。不论是从问题提出的维度看，还是从拟提出的命题维度看，政治思想史研究成果都非常有利于政治知识的高

---

① 房宁：《政治学为什么需要田野调查》，《华中师范大学学报》（人文社会科学版）2021 年第 1 期。

② ［美］弗兰克·梯利：《西方哲学史》，贾辰阳等译，光明日报出版社 2014 年版，第 2 页。

质量生产，而忽视或轻视政治思想史研究成果却严重制约了政治知识生产的理论品质。

中国政治思想史研究面向政治学发展所提供的知识供给，既不是直接提供分析和解决现实政治问题的理论分析工具，也不是提供分析和解决现实政治问题的思路与对策，而是主要集中在完善政治知识的基础理论层面。一方面，任何现实政治问题的分析和解决都离不开基础性政治理论，不同的基础性政治理论面对同样的现实政治问题，会给出完全不同的思路与对策，而解决问题的结果也会由此而有根本性的不同。比如面对特定环境中的政府职能调整，那些倾向于自由主义基础理论的研究者往往倾向于以“政府是必不可少的恶”为基本前提，给出缩减政府职能空间的结论，试图以此给政府管控的对象以充分的作用空间，尽可能发挥市场或社会的积极作用。① 那些受社会主义思想影响较深的人则倾向于根据社会需求，调整政府职能，倾向于充分发挥政府的积极作用，对市场或社会中的资本因素或垄断势力，却保持着较高警惕，主张“必须遏制过度市场化倾向”。② 另一方面，分析和解决政治现实问题的效率也在很大程度上取决于基础理论的深刻和厚重程度，政治思想史研究所提供的基础性知识有利于研究者在较为广大的视域下多方面综合地分析问题，并由此而能深入细致地进行规律性分析，积极稳妥周到地解决问题。中国政治思想史研究面向政治知识生产所提供的基础性知识供给，既在于提供不同于现当代主流政治观的基本观念，丰富研究者知识储备，拓宽相应政治问题分析的理论视角，从而为现实政治问题的解决提供新的思路；也在于以民族性政治思维的长处来弥补西化政治思维的短处，以民族政治思维方式提炼新概念，提出新观点，建构中国政治学自主知识体系；更在于吸纳中国传统政治价值的共同体倾向，矫正分析和解决政治现实问题中的过分个体化弊端，增强协商性，削弱竞争性。③

① 庞金友：《当代西方自由主义弱政府理论探析》，《北京科技大学学报》（社会科学版）2008 年第 4 期。

② 蔡万焕：《国家、资本与劳动——社会主义市场经济下政府与市场关系辨析》，《教学与研究》2017 年第 10 期。

③ 张师伟、贺姣：《中华优秀传统政治文化传承与发展的科学态度与理论加工》，《贵州大学学报》（社会科学版）2023 年第 6 期。

中国政治思想史研究面向政治学研究提供知识，自然也是它的学术贡献，但除此之外，它的学术贡献还表现为某种政治思维方式的培育。自从人类进入政治时代后，不同地域范围内的政治共同体就形成了各不相同的政治思维方式，其最初的形式表现为形态和过程各异的政治实践。[①] 不同的政治实践既是不同政治思维的表现，也进一步促成了政治思维的某种理论形式。不同的政治思维方式都在普遍性政治理论的发展中具有某些积极的价值，并通过自己独特的思维方法和知识成果来丰富和促进普遍性政治理论的发展。中国在传统时代形成和发展出了相当成熟的政治思维方式，并据此形成了内容体系丰富和理论形态完整的政治知识体系。中国政治思想史研究通过对传统知识体系的深入细致研究，具体而详尽地展现了传统政治思维的特质，从而在某种程度上揭示了中华民族在政治思维方面的民族共性。中华民族在政治思维上的民族共性，虽然形成于传统时代，但并不局限于传统时代，它具有跨越了具体时代的某种民族普遍性，并不断处在深化和发展之中。中华民族从传统文明发展到现代文明，在政治思维方式上必定存在着基本的民族共性，而中国政治思想史研究恰恰可以揭示出传统政治学说中所包含的民族共性，从而不仅在传统政治文明到现代政治文明的延续性发展中发挥着重要的作用，而且还相当有利于中华民族共同政治思维在中国政治学知识体系自主建构中的积极作用。在这个意义上，中国政治思想史研究揭示政治思维中华民族共性的内容，[②] 就在中国政治学知识体系自主建构的广泛层面上产生了普遍性的积极影响，极大地有利于在政治学知识体系自主建构中传承和创新中华优秀传统政治文化。

中国政治思想史研究作为学科化知识生产的一个领域，还提供了内容丰富和理论形态完整的政治知识体系，虽然这些政治知识在内容上反映着早已成为过去的历史，但作为政治知识，它们依然具有重要的价值，而提供这些政治知识也由此而成为它对社会科学领域的独特学术贡献。中国政治思想史作为学科化知识体系，它在理解和解释中国历史方面具有特别的理论价值。这固然是因为中国传统社会是一个政治性特别突出的社会，政治权力在历史发生及发展过

---

① 张师伟：《中国传统政治哲学的逻辑演绎》，天津人民出版社 2016 年版，第 89—91 页。

② 张师伟：《阐发政治的民族共性——中国传统政治哲学研究主旨揭示》，《文史哲》2010 年第 6 期。

程中扮演着重要的角色，即中国传统社会在某种程度上乃是一个“王权支配”的社会，[①] 政治知识及政治思维在理解和解释中国传统历史方面具有特别的重要性。但更重要的情况是中国传统社会在某种程度上就是按照某种政治学说自觉地建构起来的，不了解传统政治知识体系，在很大程度上就不能准确地理解传统中国。当然，即使中国传统社会不是一个王权支配的社会，中国政治思想史研究也会有利于准确理解和合理解释中国历史。另外，抛开中国政治思想史研究有利于理解中国历史的科学价值，即使仅仅提供关于不同时期政治知识体系的知识，也是它的一个独特学术贡献。这不仅是因为它在这方面的学术贡献是其他学科化知识生产所不能代替的，更在于它所提供的政治知识既有答疑解惑的认识价值，也具有积累知识以促进理论创新的科学价值。一切知识，其首要的价值即在于答疑解惑，但凡能够在某个领域展现答疑解惑价值的知识，都具有这方面的价值，中国政治思想史研究也不例外。同时，中国政治思想史研究提供的内容体系丰富和理论形态完整的政治知识，积累起来，厚积而薄发，颇为有利于理论创新的实现，甚至在某种程度上造成了政治知识体系建构继往开来的重要条件，极大地推动中国政治学知识体系自主建构的历史性跃进，满足中华民族现代文明对政治知识的要求。

（责任编辑：黄承炳）

① 刘泽华：《中国的王权主义：传统社会与思想特点考察》，上海人民出版社 2000 年版，第 1 页。

比较政治

美国总统选举制度过程的政治极化效应*

佟德志　黄佳雯**

【内容提要】美式选举制度与政治极化关系的研究有着重要的理论与实践意义。本文分析了构成美国总统选举制度过程的选举初选制度、选区划分制度、选举人团制度，对美式选举制度带来的政治极化效应进行了分析。本文认为，在初选制度下，激进选民推举出极化的代表涌入大选，造成了美国政党与民众意识形态的两极分化。选区划分制度为两党竞选设置安全区，使意识形态立场相近或相同的选民聚集在一起，加强不同选区选民的党派偏见与极化程度。选举人团制度与赢者通吃规则加剧了政党在关键州的竞争，激烈的竞争使政党与选民的意识形态立场走向极化。这些选举制度本应保障程序合法、过程公开与结果公平，但在实践中加剧了政治极化，甚至加剧族群矛盾，造成社会撕裂，威胁了民主制度。

【关键词】美式选举；政治极化；初选制度；选区划分制度；候选人团制度

美国在长期的民主政治实践中形成了一系列的制度。就美国总统选举来讲，包括选举人资格划分制度、初选制度、选区划分制度、候选人提名制度、计票规则等。其中，初选制度、选区划分制度和选举人团制度共同构成美国总统选

---

* ［基金项目］本文系国家社会科学基金重大项目“美式民主的理论悖论与实践困境研究”（21&ZD160）的阶段性研究成果。

** ［作者简介］佟德志（1972—　），男，辽宁朝阳人，天津师范大学政治与行政学院教授，主要从事政治学理论、西方政治思想史的教学与研究工作；黄佳雯（1998—　），女，河北石家庄人，天津师范大学政治与行政学院硕士生，主要从事政治学理论的研究工作。

举的全过程，构成了其核心链条。另一方面，近年来，美国的政党极化、政治极化现象也愈演愈烈，甚至带来了社会的分裂。两党在竞选过程中越来越对立，完全反对、排斥另一方政策主张的情况越来越多，有关竞选的争端愈演愈烈。那么，美国总统选举制度与政治极化之间究竟存在什么样的关系？选举制度又如何对政治极化产生影响？对这些问题的反思与探索有助于我们更加全面地认识极化问题，从而在民主政治建设过程中规避类似问题。本文拟对上述问题进行分析，以期发现美式选举制度与政治极化之间的关系，从而为民主政治的发展提供经验与借鉴。

一　初选制度与政治极化

初选制度在美国总统选举中发挥重要作用的同时，加剧了美国的政治极化。美国著名政治思想家乔万尼·萨托利（Giovanni Sartori）强调提名候选人的重要性，将其看作是政党的主要任务之一。他指出："政党是参与选举，并且能够通过选举、提名候选人占据公共职位的任何政治集团。"① 当代美国学者同样重视候选人提名，他们认为，民主在国家层面和政党内部具有相同的含义，候选人提名是党内民主的重要体现。② 美国是以初选选举而非政党组织选出政党提名人的唯一国家。③ 然而，总统的初选制度却在实践中不断偏离民主，加剧了政治极化。初选制度逐渐成为极端的政党精英和积极选民进行角逐的主战场，为了吸引选票，两党纷纷展现出更加鲜明的政策立场，鼓励在各种问题上持极端观点的积极分子参与初选。与此同时，初选选民之间的分歧也越来越突出，意识形态立场愈发极化。长此以往，两个迥然不同的意识形态阵营逐渐形成，自由派与保守派之间冲突不断。

美国初选制度经历了漫长的演进和发展。政党选拔候选人从"议会党团干

① ［意］乔万尼·萨托利：《政党与政党体制》，王明进译，商务印书馆 2006 年版，第 96 页。

② Gideon Rahat, "What is Democratic Candidate Selection?", in William P. Cross and Richard S. Katz (eds.), *The Challenges of Intra-Party Democracy*, London: Oxford University Press, 2013, p. 137.

③ ［美］托马斯·帕特森：《美国政治文化》，顾肃等译，东方出版社 2007 年版，第 66 页。

部会议”（Congress Caucus）决定，到“党团会议大会”（Congress-Convention）主导，再到以党团会议为主，党团会议和初选并存，最后演变为初选主导党团会议名存实亡。[①] 其中，“党团会议”又称“全国提名大会”（National Nominating Convention），是由两党逐层进行推举，最终推选出党派代表参加全国代表大会，并由代表自由选出该党参与总统竞选的候选人。在这种机制内，选举人能否获得推荐资格，主要取决于他们与政党高层的关系，与民众支持度关系不大。正因为如此，政党大会的贿选现象屡见不鲜，两党候选人通过金钱笼络人心，选举充斥着谎言与腐败，改革迫在眉睫。[②] 1899 年，初选模式确立。美国明苏尼达州的亨内平县该年通过初选方式推选候选人，这一改革在当时产生了积极影响。据统计，在这场选举中，约 89.2% 的选民参与投票，这些选民随后也积极参与大选。[③] 然而，在 1952 年之前，初选并未发挥实质性作用。“参加全国代表大会的代表主要仍由各州、各地方的政党领袖挑选产生，总统候选人在初选中的作用就是‘混个脸熟’。”[④] 1952 年后，初选作用逐渐增强，政党领袖的作用随之衰减。

美国初选模式多样，包括开放式初选（Open Primary）、封闭式初选（Closed Primary）和半封闭式初选（Semi-Closed Primary），对政治极化产生的影响也各不相同。开放式初选的选民不受政党归属的限制，可以参与任意政党的初选投票，跨界投票的现象普遍存在。封闭式初选则规定了严格的党派限制，只有注册党员才能参与本党投票，无党派成员不得参与。半封闭式初选对选民身份有所限定，但认定方式相对宽松。选民通常只需在投票前公开声明参加某党初选，并通过索取选票的方式表明政党归属即可。这三种方式从形式上构成了选举成员范围从大到小的演变谱系：开放式初选将全体选民作为选举团，而封闭式初

① James Davis, *U. S. Presidential Primaries and the Caucus-Convention System*, Greenwood Press, 1997, pp. 9-12.

② Alan Ware, *The American Direct Primary: Party Institutionalization and Transformation in the North*, Cambridge: Cambridge University Press, 2002, pp. 70-71.

③ Frank Anderson, “The Test of the Minnesota Primary Election System”, *Annals of the American Academy of Political and Social Science*, Vol. 20, No. 3, 1902.

④ 林宏宇：《美国总统选举政治研究》，天津人民出版社 2017 年版，第 27 页。

选则是将"党员"作为选举团。[①] 据调查，当今美国约 40% 至 60% 的州采用封闭式初选，约 40% 的州采用开放式初选，最多 20% 的州采用半封闭式初选。[②] 不同类型的初选模式对政治极化的影响也不尽相同，封闭式初选中选举出的政党代表的意识形态立场两极化程度更高，而半封闭式初选中推选出的政党代表的意识形态立场则相对温和。[③]

初选制度越来越封闭，交叉参选现象越来越少，其结果是政党的极化程度与日俱增。[④] 自 20 世纪 60 年代起，美国南部越来越多的保守派开始参加共和党初选。1988 年后，共和党在初选中表现出相对保守的倾向，民主党则越来越偏向自由。这一趋势逐渐由南部蔓延至全国，意识形态立场相对保守的竞选者纷纷涌入共和党，而崇尚自由的竞选者则选择加入民主党，交叉参选现象日益减少。政党重组加剧了初选成员的极化，使两党的参选者与支持者在政策偏好方面发生巨大变化。近年来，两党在全国范围内的意识形态立场愈发鲜明，初选的极化程度也越来越高。参加初选的政党候选人的意识形态立场开始变得比普通选民更加两极化，即使是最保守的民主党人也可能比最自由的共和党人更自由。极化的意识形态立场为与其志同道合的政党成员提供了潜在价值，竞选活动获得了党内成员及选民的支持。纵使极化的参选者竞选失败，但他所坚持的极端观点可能会被政党吸纳，加剧整个政党的极化趋势。[⑤]

初选制度重塑政党的同时也对选民产生了深刻的影响，选民极化程度不断加深。随着两党内部同质化加强，政党传递给初选选民的信号也愈发清晰，初选选民的意识形态由早期的温和中立逐渐演变为立场鲜明、矛盾突出。与普通选民相比，初选选民的党派偏好更加鲜明，他们的意识形态立场也更加极端。

---

① 李少文:《西方政党初选机制比较研究》，上海三联书店 2018 年版，第 63 页。

② 刁大明:《美国总统候选人提名制度的演进及争论》，《美国研究》2016 年第 2 期。

③ Elisabeth Gerber, Rebecca Morton, "Primary Election Systems and Representation", *The Journal of Law, Economics, and Organization*, Vol. 14, No. 2, 1998.

④ Seth Hill, Chris Tausanovitch, "Southern Realignment, Party Sorting, and the Polarization of American Primary Electorates, 1958 –2012", *Public Choice*, Vol. 176, No. 1 –2, 2018.

⑤ Andrew Hall, "What Happens When Extremists Win Primaries?", *American Political Science Review*, Vol. 109, No. 1, 2015.

这些选民与极化的候选者不谋而合，相互影响。近年来，初选变得愈加极化。当某阵营选民所支持的竞选者失利时，他们选择通过分裂性言论攻击对手，宣称当选官员“不是我的州长”或“不是我的总统”，党徒们甚至在新上任者宣誓就职之前就准备好了抗议。[①] 这种情况愈演愈烈，两党选民呈现出“部落化”趋势，支持两党的选民在族裔、地域文化、性别等多方面都坚持不同甚至对立的主张和立场，[②] 极化程度进一步加剧。

初选制度使得那些观点极化的候选人更容易胜出，加剧了政治极化。初选是政党提名总统候选人的重要制度，经由初选提名出的候选人对大选有着不容小觑的影响。意识形态立场相对温和的候选人越来越难以走出初选，赢得初选提名的政党代表意识形态立场高度极化，使得总统竞选的过程越来越激进且极化。在工业化、全球化、市场化以及移民浪潮的影响下，美国白人中产阶级的收入与就业受到冲击。不断增长的贫富差距与失业率加剧了美国社会不同族群之间的矛盾。这些矛盾被极化的竞选者利用，激进的政策主张不仅帮助他们赢得初选，更成为在大选中获得选票的有力工具。以特朗普为代表的共和党在白人群体中引起了强烈共鸣，共和党逐渐转变为以白人身份为特征的政党。“狗哨”（Dog Whistle）政治在特朗普统治下更好地被描述为“牛角”（Bull Horn）政治，因为特朗普许多大胆言论都强调种族差异，并加剧种族矛盾。[③] 民主党则利用“黑命亦命”（Black Lives Matter）运动催促非裔选民为己方候选人投票。[④] 竞选活动成为不同族群之间的拉锯战，极化程度攀升的同时社会矛盾也日趋激烈。

初选也影响到国会，造成国会成员意识形态的普遍极化。两个政党都倾向于极化程度更高的候选人，极端主义者当选议员的概率大幅上升。近年来，国会选举中出现了“蛙跳代表”（Leapfrog Representation）现象，即国会中较为激

① Michael Heaney, “Protest at the Center of American Politics”, *Journal of International Affairs*, Vol. 73, No. 2, 2020.

② 刁大明：《身份政治、党争“部落化”与2020年美国大选》，《外交评论》2020年第6期。

③ Jonathan Knuckey, Myunghee Kim, “The Politics of White Racial Identity and Vote Choice in the 2018 Mideterm Elections”, *Social Science Quarterly*, Vol. 101, No. 4, 2020.

④ 孙冰岩：《2020年美国大选：决胜因素、选举特点与政治困局》，《国际关系研究》2021年第1期。

进的现任议员被意识形态相左但同样激进的新议员所取代，与此同时，国会中的温和派成员日益减少。[①] 随着政党内部同质性越来越强，两党成员的党派性也越发明显。在这种情况下，国会现任议员在初选中凭借明确的党派性获得了双重回报：更少的对手和更大的选票份额。[②] 此外，随着选民日益分化，国会候选人需要在意识形态更为极端的初选选民和立场较为温和中立的普通选民之间做出抉择。通常来看，国会候选人大多会选择调整意识形态立场，以立场鲜明且极端的政策取悦初选选民。[③] 随着竞选环境与价值偏好发生变化，部分现任议员倾向于坚持更加极化分明的政策立场，为自己贴上明确的党派标签，以降低他们在初选中面临的挑战。这一政策也确有实效，逐渐引起多数议员效仿。长此以往，国会极化程度逐渐攀升。

初选加剧政治极化的原因是多重的，初选对选民资格的限定与选民构成是加剧政治极化的原因之一。美国对投票权的限制由来已久。在历史上，黑人、妇女和其他群体投票权长期被否定。尽管这一现象在当代有所缓解，但选民在投票时仍然受到许多限制，这些限制包括要求登记选民在投票时出示的身份证件等，导致登记投票变得困难。此外，美国的选举要求选民具备更多的知识，包括各类职务以及选票上的议题等，这使得美国人需要花费更多的时间和精力为投票做准备。[④] 相较于大选，初选的报道率和宣传度更低，政党和候选人在接触选民方面花费甚少，初选对公众的吸引力不高，导致选民需要花费较高的成本来发现和了解候选人。久而久之，选民间出现政治冷漠问题。据调查显示，美国的选举投票率在第一世界的民主大国中是最低的：在大多数总统选举中，选民登记不到 60%，国会选举中选民登记不到 40%，洛杉矶市长选举中选民登记不到 20%。[⑤] 与此同时，积极且意识形态

① Joseph Bafumi, Michael Herron, "Leapfrog Representation and Extremism: A Study of American Voters and Their Members in Congress", *American Political Science Review*, Vol. 104, No. 3, 2010.

② Nicholas Pyeatt, "Party Unity, Ideology, and Polarization in Primary Elections for the House of Representatives: 1956 – 2012", *Legislative Studies Quarterly*, Vol. 40, No. 4, 2015.

③ David Brady, Hahrie Han, Jeremy Pope, "Primary Elections and Candidate Ideology: Out of Step with the Primary Electorate?", *Legislative Studies Quarterly*, Vol. 32, No. 1, 2007.

④ ［美］纳尔逊·波尔斯比、艾伦·威尔达夫斯基：《总统选举——美国政治的战略与构架》，管梅译，北京大学出版社 2007 年版，第 4 页。

⑤ Jared Diamond, "Four Threats to American Democracy", *Governance*, Vol. 27, No. 2, 2014.

更加极化的选民对政治高度关注，他们拥有的信息优势降低了参与投票的成本。受此影响，某些阶层的人通过在初选中大量投票，在作为民主进程关键阶段的初选中获得了特殊的影响力，对结果产生了不成比例的影响。① 而他们通常倾向于支持意识形态更加极化、立场更加鲜明的候选人，导致初选愈发极化。

政治献金是加剧初选极化的原因之一。有大量证据表明，捐赠者对初选的影响是导致美国意识形态极化的根源。② 资本有着自己的规则和倾向，追求资本效益最大化，在得不到有效制约的情况下，它必然会侵入政治领域，③ 加剧政治极化。在美国，资金是候选人筹备竞选、吸引选票不可或缺的资源。捐赠者一边为竞选提供关键资源，一边将候选人推向极化。此外，他们还剥夺了一贯温和的候选人获胜的能力，因为温和派候选人参与竞选需要的资金来源相对匮乏。④ 在初选中，候选者通常会坚持更加极化的意识形态立场和政策主张，在吸引选票的同时获得资金支持。极端候选人能在初选中脱颖而出更多依赖于竞选捐赠者的支持。捐赠者通过显著的资源和地位优势，换取候选人的承诺。候选人通过捐赠者的有力支持赢得初选。可以说，当一个地区的捐赠者的极化程度高过初选选民时，通常会产生极化程度更高的被提名人。

二　选区划分制度与政治极化

选区划分是美国总统竞选的中间环节，对选区范围的划定与修改使各选区内部同质性增强，极化程度攀升。选区划分制度要求按照地域特征对选区进行

① David Brady, Hahrie Han and Jeremy C. Pope, "Primary Elections and Candidate Ideology: Out of Step with the Primary Electorate?", *Legislative Studies Quarterly*, Vol. 32, No. 1, 2007.

② Jordan Kujala, "Donors, Primary Elections, and Polarization in the United States", *American Journal of Political Science*, Vol. 64, No. 3, 2020.

③ 佟德志：《“民主之春”与资本对民主的控制》，《红旗文稿》2016 年第 12 期。

④ Eric McGhee, Seth Masket, Boris Shor, Steven Rogers and Nolan McCarty, "A Primary Cause of Partisanship? Nomination Systems and Legislator Ideology", *American Journal of Political Science*, Vol. 58, No. 2, 2013.

重新划分，以保障选区范围符合实际发展情况，维护选举公平。早在 19 世纪，地区划分的意义就开始被强调。有学者指出，人们的利益通常与居住地有关，而在交通水平和通讯技术不太发达的时候，地域则成为影响政治竞争和投票结果的重要因素。[①] 此外，一人一票被看作是政治权利平等的最直观体现。美国选区划分制度的最初设计遵循“一人一票、等票等值”的原则，但“不规则选区”的出现对这一原则造成冲击。选区划分逐渐开始被政党操纵，划分原则也逐渐开始转向迎合政党竞选需要，党派分歧日益加深，选区内同质性增强，政治极化程度不断加剧。

选区划分制度始于 20 世纪 60 年代。1964 年雷诺兹诉西姆斯案的宣判，调整了亚拉巴马州议会的议席分配，该宣判要求在每十年一次的人口普查后，选区范围需根据人口变化调整，以保证每州内各选区的人口大致相等。此外，加利福尼亚州也存在选区人口分配不均问题。加利福尼亚州各选区人口差异大，城市地区人口稠密，而农村地区人口相对较少。在此背景下，加利福尼亚州也被要求在 1966 年选举中重新划定选区，以保证每个选区人口大致相等，从而更好遵循“一人一票”原则。这年的选区重划在历史上被称作两党选区重划。[②] 此后，各州陆续开始重新划定选区，划分的具体细节由各州自行决定。大多数州，选区重划都是由州立法机构进行统筹，但在某些情况下，选区由独立委员会划分。这种独立委员会的雏形来自马里兰州。1966 年，马里兰州召开马里兰大会，州政府任命了一个由代表、州参议员和行政代表组成的联合委员会，于 1970 年人口普查后着手设计新的国会选区。立法机构在保留批准选区的同时，意图让委员完成绝大多数的工作。这代表了一种在正常立法程序之外初步规划选区的尝试，并形成了选区重划委员会的原型。在接下来的十年里，康涅狄格州、夏威夷州、缅因州和蒙大拿州等州也开始尝试将选区重划的过程推向立法程序之外，为不公正划分选区埋下隐患。

随着各州重划选区进程加快，选区开始沦为政党竞争的工具，“安全选区”

① Pamala Karlan, “A Bigger Picture”, in Robert Richie, Steven Hill and Joel Rogers (eds), *Reflecting All of Us: The Case of Proportional Representation*, Boston: Beacon Press, 1999, p. 76.

② Corbett Grainger, “Redistricting and Polarization: Who Draws the Lines in California?”, *The Journal of Law & Economics*, Vol. 53, No. 3, 2010.

逐渐形成。安全选区默许选民在投票中转向更极端的意识形态立场，加剧民众党派偏见，为政党竞选提供便利的同时加剧政治极化。此后，保留有影响力的立法者的席位、取代反对党的现任者、最大限度地增加自己政党安全选区数量，这些都成为选区划分者的目标。1981 年底，民主党代表担任州长，产生了专为下年选举而准备的选区，这种划分对民主党现任者有显著优势。现如今，两党纷纷通过操纵、重划选区为竞选谋取便利，选区划分的作用从保障公平逐渐演变为政党竞选的工具。据统计，从第 95 届国会（1977—1979 年）到第 108 届国会（2003—2005 年），共和党安全选区从 51 个增加到 100 个，总计增加 49 个；民主党安全选区从 71 个增加到 103 个，总计增加 32 个。[①] 政治民主的制度、机制和操作程序被竞争型政党滥用，致使民主政治日益对抗化、碎片化，造成了社会极化、种族对立、社会撕裂。[②]

选区划分是两党无序竞争的体现，它加剧了两党的矛盾与对立，使两党极化程度不断加深。在传统的民主规范下，政治竞争是有限度的。党派之间通过正当合理的方式吸引选民支持，承认且尊重选举结果。但近年来，政党精英的重心开始从赢得舆论支持转向赢得“游戏之外的游戏”。他们减少对公平竞选的关注，反而寄希望于通过操纵规则和制度为政党牟利。“最常见的竞争领域是通过改变选举规则——如选区划分、选举权和竞选资金——来提高政治参与者的获胜机会，即便这样无法获得多数民众的支持。”[③] 两党巧妙地划定选区界线，将少数党选民压缩到尽可能少的选区，创造尽可能多的有利于多数党的选区，使党派利益实现最大化。这种对选区边界的调整，通过消除有争议的选区巩固了政党权力。[④] 有数据显示，自我认同的共和党人和民主党人在平均支持率上的差距越来越大。[⑤] 这些变化极大地降低了反对

① Alan Abramowitz, *The Disappearing Center: Engaged Citizens, Polarization, and American Democracy*, New Haven: Yalu University Press, 2010, p. 145.

② 严强、胡玥：《中国特色社会主义的新型政治民主诉求》，《政治学评论》2022 年第 1 期。

③ Roberto Foa, Yascha Mounk, “America for Trump: From ‘clean’ to ‘dirty’ Democracy?”, *Policy Studies*, Vol. 42, No. 5 -6, 2021.

④ Alan Abramowitz, Brad Alexander, Matthew Gunning, “Incumbency, Redistricting, and the Decline of Competition in U. S. House Elections”, *The Journal of Politics*, Vol. 68, No. 1, 2006.

⑤ Gary Jacobson, “Partisan Polarization in Presidential Support: The Electoral Connection”, *Congress & the Presidency*, Vol. 30, No. 1, 2003.

党成员支持总统的动机，加强了己方成员的党派忠诚。长此以往，政党操纵下的选区划分重塑了各选区的党派偏好，为政党提供党派优势的同时也导致了边缘极化。①

选区划分改变选区内选民构成，增强选民的党派偏好，使选民的意识形态立场更加分明，加剧政治极化。重划选区对选区内选民构成产生影响。“随着美国人的流动性越来越大，他们有意识地选择搬迁到政治上志同道合的邻居的社区……这种居住分类强化了选区内部的政治相似性，加剧了不同选区间的政治差异。”② 自20世纪60年代起，各选区的极化程度因党派分歧变得更加严重，红州变得越来越红，蓝州变得越来越蓝，随着时间的推移，各州的党派立场也愈发坚定，他们要么是坚定的民主党人，要么是坚定的共和党人。③ 选民不断被吸引到与自己立场更为一致的政党主导的选区，意识形态立场愈发鲜明。选区重新划分后选民更多地根据党派偏好投票，选区内不同的声音逐渐被掩盖，大部分选区都被贴上民主党或共和党的标签，展现出一致的党派偏好和政策立场。影响选民投票的因素也变得单一化，对政党的认同与偏好成为选民投票的指引。④ 2010年至2014年国会选举研究（CCES）的数据显示，选民能够正确识别其所属的选区的党派倾向，并且能够察觉到选区构成的变化。这种变化对选民的行为具有强大驱动力，当选民被划分到政策主张和意识形态更为一致的选区时，他们的投票意愿更为强烈。⑤

选区划分影响着大选，总统候选人变得愈发极化。重划选区为政党候选人在大选中集中选票提供了机会，两党的目标逐渐趋于一致，即规避风险，确保胜利。民主党越来越多地收获中心城市地区的支持，在广阔的农村地区，共和

① Jamie Carson, Michael Crespin, Charles Finocchiaro and David Rohde, “Redistricting and Party Polarization in the U. S. House of Representatives”, *American Politics Research*, Vol. 35, No. 6, 2007.

② Seth McKee, “Rural Voters and the Polarization of American Presidential Elections”, *Political Science & Politics*, Vol. 41, No. 1, 2008.

③ Alan Abramowitz and Kyle Saunders, “Is Polarization a Myth?”, *The Journal of Politics*, Vol. 70, No. 2, 2008.

④ Seth McKee, “Political Conditions and the Electoral Effects of Redistricting”, *American Politics Research*, Vol. 41, No. 4, 2012.

⑤ Bernard Fraga, Daniel Moskowitz and Benjamin Schneer, “Partisan Alignment Increases Voter Turnout: Evidence from Redistricting”, *Political Behavior*, Vol. 44, No. 4, 2021.

党则更受欢迎。[①] 选区内选民强烈的党派偏好与鲜明的立场主张也对竞选者产生影响，使其在大选中的表现愈发极化。支持共和党的选民大多位于城市的边缘地区，他们经常认为自己居住的地区被政治精英忽视，并对居住在大都市周边地区的人产生怨恨。[②] 这使得共和党竞选人在大选中的立场和态度也愈发保守，更掺杂了民粹主义倾向，他们主张白人至上、反移民、反同性恋、反堕胎等。而支持民主党的选民在许多社会和政治问题上持自由主义态度，这也促使民主党候选人在竞选中宣扬更加自由的政策主张，如同性恋婚姻合法化、平等主义、全球化等。2024 年大选前夕，两党候选人大肆宣扬更为极端的立场，以吸引极端选民的关注和支持。民主党总统候选人小罗伯特・肯尼迪（Robert Kennedy）宣称，将研制生化武器以针对不同国家或不同种族人群。[③] 在这种情况下，鲜明极化的立场主张成为总统竞选中两党候选人讨好不同选区选民的噱头，并有愈演愈烈之象。

选区划分加剧了国会极化程度。2006 年，美国最高法院的一项判决指出，由于缺乏判定选区是否公正的基本标准，不公正划分选区的现象无法得到遏制。2010 年美国人口普查后，共和党在重划选区的过程中利用了这一漏洞，重划后的选区为共和党国会竞选提供便利。2018 年，法院判决驳回了另外两起疑似不公正选区划分的案件。这两起案件鼓励了政党通过重划选区为国会竞选谋取便利，加剧众议院的分裂程度。[④] 国际民主和选举援助学会（International Institute for Democracy and Electoral Assistance）对这一现象进行了批判，他们指出，操纵选区（Gerrymandering）问题在美国长期存在，并且应当予以重视。[⑤] 操纵选区加剧了政党精英的极化程度，政党标签深刻影响着选举和选民偏好。重划选区

---

① Dante Scala and Kenneth Johnson, "Political Polarization along the Rural-Urban Continuum? The Geography of the Presidential Vote, 2000 – 2016", *The Annals of the American Academy of Political and Social Science*, Vol. 672, No. 1, 2017.

② Katherine Cramer, *The Politics of Resentment: Rural Consciousness in Wisconsin and the Rise of Scott Walker*, Chicago: University of Chicago Press, 2016.

③ Jon Levine, "RFK Jr. says COVID may have been 'ethnically targeted' to spare Jews", *New York Post*, July 15, 2023, https://nypost.com/2023/07/15/rfk-jr-says-covid-was-ethnically-targeted-to-spare-jews/.

④ Ron Johnston, "America Gerrymanders on-For the Moment?", *The Political Quarterly*, Vol. 89, No. 4, 2018.

⑤ International Institute for Democracy and Electoral Assistance, *The Global State of Democracy Exploring Democracy's Resilience*, Stockholm: International IDEA, 2018, p. 12.

的规则必然有利于某些利益集团，这些原则不可能同时满足全体公民的意志。①

选区划分之所以加剧了政治极化，一个原因是受到了立法机构的影响。相较于联合委员会划定的选区，立法机构划定的选区极化程度更高。在亲民主党的立法机构划定的选区中，选民通常对环境和劳工问题采取更加自由的态度，坚持亲环境或亲劳工立场；在亲共和党的立法机构划定的选区中，选民则持有相反的观点和态度。政党以及国会成员投票模式的变化表明，立法机构主导划分的选区在选举投票中坚持了更极端的立场，导致两极分化加剧。此外，随着选区极化程度不断增强，立法者的态度也发生了转变。州一级的立法者在政策立场和意识形态上倾向于采取比普通民众更加极端的立场，选区重划似乎是一种催化剂，使州立法机关的行为更加两极化。② "随着选区变得更加党派化和同质化，立法者也变得更加狭隘，他们愈发关注意识形态立场。选区成为回音室，强化成员意识形态倾向的同时，减少了反对声音与代表对不同选民群体需求的考虑。"③ 在立法机构的主导下，选区划分变得更加以意识形态为主，而极化的选区反过来又加剧了立法者的极化程度，二者的相互作用使美政治极化愈演愈烈。

选区划分加剧政治极化的另一个原因是安全选区降低了政党在选区内的竞争，增强了选区成员的政党偏好和同质性，使竞选者更加关注选区内单一极化的诉求。重新划分选区将同质性更高的党派支持者聚集在一起，边缘地区的数量不断缩减，政党安全区不断增加，民主党控制的选区愈发自由，共和党控制的选区也愈发倾向于保守。越来越多的安全选区降低了政党间的竞争力，使竞选者能够更加安全地应对党派间的挑战，对主要选民的关注也愈发密切，极化程度不断加剧。④ 在大选中，两党在各自的安全区内缺乏来自对方政党的挑战，

---

① Raymond Raja, "Redistricting: Reading Between the Lines", *Annual Review of Political Science*, Vol. 12, 2009.

② Corbett A. Grainger, "Redistricting and Polarization: Who Draws the Lines in California?", *The Journal of Law & Economics*, Vol. 53, No. 3, 2010.

③ Thomas Mann, Norman Ornstein, *The Broken Branch: How Congress is Failing America and How to Get It Back on Track*, New York: Oxford University Press, 2006, pp. 229 – 230.

④ Jamie Carson, Michael Crespin, Charles Finocchiaro and David Rohde, "Redistricting and Party Polarization in the U. S. House of Representatives", *American Politics Research*, Vol. 35, No. 6, 2007.

竞选者只需要满足该政党主要选民的偏好，无需保持相对温和中立的立场。“随着选区划分后党派认同、意识形态、议题立场和选举选择之间的关系变得更加密切，民主党和共和党选区的差异性越来越明显。”① 选举降低了反对党成员支持总统的动机，政党各自的选举联盟在意识形态和总统选举模式方面变得越来越两极化。

三 选举人团制度与政治极化

作为总统竞选的决胜阶段，选举人团制度对竞选结果起决定性作用，但这一制度的发展却加剧了政治极化。选举人团制度在美国历史上没有直接先例。它伴随美国政党的出现而发展，并由立宪大会的宪法制度设计逐渐演变成包括宪法、联邦和州法律、政党实践和政治惯例在内的总统选举制度，② 它也是各利益方妥协的产物。美国开国元勋、政党制度创建者亚历山大·汉密尔顿（Alexander Hamilton）认为选举人团制度“即便不完美，但至少是最合适的”。③ 然而，选举人团制度暗含了一个始终未得到圆满解决的矛盾，即联邦性原则（Federal Principles）和国民性原则（Populism）之间的矛盾。选举人团夸大了普选赢家的实力，给予竞选者不成比例的选举人票，创造了虚假的统治“授权”，还可能带来一个“错误的赢家”，即总统候选人赢得了大多数的民众选票，却由于在选举人团中失利，而错失总统席位的现象。④ 在这种情况下，竞选者通常会将精力与资源倾注到选举团中的关键州，通过立场鲜明且极化的政策吸引关键州的支持，从而赢得竞选。现如今，选举人团制度已沦为两党竞争的工具，越来越偏离制宪者的初衷，并且加剧两党极化。

① Gary Jacobson, “Partisan Polarization in Presidential Support: The Electoral Connection”, *Congress & the Presidency*, Vol. 30, No. 1, 2003.

② 张业亮：《美国选举人团制：历史演变、制度缺陷和改革》，《美国研究》2021 年第 2 期。

③ James Madison, Alexander Hamilton and John Jay, *The Federal Papers*, London: Penguin Books, 1987, p. 393.

④ William Ball and David Leuthold, “Estimating the Likelihood of an Unpopular Verdict in the Electoral College”, *Public Choice*, Vol. 70, No. 2, 1991.

选举人团在美国建国之初确立，是正式选择总统的机构。早在 1787 年，选举人团制度就被载入美国宪法，这标志着美国总统选举与议会制度的分离。在议会制度中，行政长官由立法机关选举产生，而选举人团则将立法权与行政权彻底剥离开。选举人团制度的建立，弥合了美国早期不同州因规模、地理问题而产生的差异，缓和了南北方各州因奴隶问题而造成的紧张局势。[①] 它是大小州妥协的结果，给予小州从候选人中选举总统的优势。[②] 这一制度首先对选举人票的数量进行规定，每个州的选举人票数等于该州参议员和众议员人口之和，之后按十年一次的人口普查的结果大致按比例分配。选举人团在普选结束后投票，各州的选举人于该选举年 12 月的第 3 个星期一将选票递交国会。除缅因州和内布拉斯加州外，绝大多数州实行赢者通吃（Winner-take-all）规则，而缅因州和内布拉斯加州则向全州普选的获胜者提供两张选举人票，并将剩余的选票分配给每个国会选区的普选获胜者。候选人获得全国 50 个州和华盛顿特区总共 538 张选举人票的一半以上（即 270 张以上）即可当选。如果选举人团出现平票现象，宪法规定由众议院行使决定权，每州各一票。在这种模式下，竞选者无需获取全部选票，任何超过赢得该州所需数量的选票实际上都是“浪费”的，他们只需要争取选举人票数量多的州的支持，再以赢者通吃的规则将该州的全部选举人票收入囊中。

选举人团制度激化了两党在摇摆州的竞争，加剧政党极化。受这一制度影响，两党的总统候选人可能会在同一天于同一摇摆州公开露面发表演说，而在以纽约州、得克萨斯州以及加利福尼亚州为代表的安全州，整个大选期间都不一定受到政党及其候选人的重视。2020 年 9 月，共和党总统候选人特朗普为讨好美国中西部最大的摇摆州——威斯康星州，公然宣称要为该地区农民提供高达 130 亿美元的救济，帮助农民从新冠疫情中恢复生产。近日，现任总统拜登和前总统特朗普共同造访最具影响力的摇摆州之一，宾夕法尼亚州。拜登通过展示他执政后取得的成就，主要包括应对新冠疫情、推动经济复苏、维护国家安

① Barney Warf, “The U. S. Electoral College and Spatial Biases in Voter Power”, *Annals of the Association of American Geographers*, Vol. 99, No. 1, 2009.

② William Josephson, Beverly Ross, “Repairing the Electoral College”, *Journal of Legislation*, Vol. 22, No. 9, 1996.

全等方面，意图巩固选民支持。特朗普则希望动员其忠实支持者，继续质疑2020年大选的合法性，并抨击拜登的政策失败，为下次大选蓄力。在选举人团制度下，候选人为赢得选举，主动将自己的意识形态表现得更加两极化，以向关键州选民靠拢，两党之间的对立和仇视情绪愈发高涨，彼此之间愈发水火不容。即便在竞选结束后，现任总统也对选举团表现出高度关注与赞许，并倾向于在第一个任期内以选举团为中心进行管理。[①] 2012年大选前，特朗普在推特上对选举人团制度表达出高度排斥。2016年获胜后，他却在推特上写道："选举团实际上是天才，因为它让所有州，包括较小的州，都发挥作用。竞选活动大不相同！"[②]

选举人团制度加剧了选民群体的党派偏见，选民极化程度居高不下。党派偏见的形成与选举人团制度有着密切联系。在美国，每张选举人票代表的人数在各州并不统一，由于各州实际人口或选举人票数不同造成政党投票差异是党派偏见形成的原因之一。[③] 选举团过度代表了人口较少的州，使较小州的选举团投票成本远低于较大州的投票成本，这种成本差异也成为党派偏见的重要来源。党派偏见加剧了敌意，基于党派的情感极化甚至超越了基于种族问题的极化。[④] 选民基于此产生的政党偏好则具体体现在投票行为上，在立场相对统一的安全州具体表现为坚定不移地支持某一政党、排斥另一政党，包容度与容忍度不断降低。而在摇摆州，不同阵营选民在不同政策立场上的态度则大相径庭，候选人通过牺牲其他民众的利益为代价，以吸引特定阶层的选民支持，加剧了摇摆州选民间的敌意与极化。选举人团制度暴露了不同地区选民的影响力，成为政治极化的催化剂。针对这一现象，有美国学者批判道："选举团产生的选民力量

---

① Darshan Goux and David Hopkins, "The Empirical Implications of Electoral College Reform", *American Politics Research*, Vol. 36, No. 6, 2008.

② Robert Alexander, "Today's Electoral College is nothing like the Founders' vision", CNN, September 30, 2020, https://edition.cnn.com/2020/09/30/opinions/electoral-college-not-like-founders-vision-alexander/index.html.

③ Phillip Ardoin and Bryan M. Parsons, "Partisan Bias in the Electoral College: Cheap States and Wasted Votes", *Politics & Policy*, Vol. 35, No. 2, 2007.

④ Shanto Iyengar and Sean Westwood, "Fear and Loathing across Party Lines: New Evidence on Group Polarization", *American Journal of Political Science*, Vol. 59, No. 3, 2015.

的地理分布是不均衡的，它从根本上来说是一个反民主和不自由的机构。”①

选举人团的影响更多地体现在总统竞选上，为争取关键州支持，两党在大选中纷纷表现出高度的极化倾向，社会分裂严重。规模较大的州并不一定是决定总统选举结果的关键，以得克萨斯州为例，它为共和党提供了大量的获胜筹码，早就被纳入共和党阵营，对选举结果的影响不大。相反，某些党派偏好不那么明显的州，即便规模较小，选举人票也较少，仍然可能成为扭转战局的关键。关键州是全国竞选的重要试验场。只有赢下一定数量的关键州，总统席位才有保障。② 2020 年大选中，拜登赢下宾夕法尼亚州的 20 张选举人票，凭借微弱的优势击败特朗普，赢得总统竞选。在此制度影响下，候选人通常会依据形势调整或者重新制定竞选策略，各州选举人票的成本和价值、意识形态立场，以及如何拿下关键州，逐渐成为候选人的重点考虑指标。长此以往，总统竞选过程中大部分地区日益边缘化，留给两党竞争的地区愈发减少。“选举人团制度和现代投票方法的复杂性使竞选活动能够将资源和注意力集中在相对少数的选民身上。摇摆州选举逻辑远远没有将政治活动扩散到整个共和国，而是允许它狭隘地针对关键地区和其中选民的特殊利益。”③ 两党候选人、政党和利益集团在关键州进行有目的的动员，甚至开出“空头支票”式的承诺，极化倾向经由政党的放大和加工进一步增强。

选举人团制度加剧政治极化的原因之一是赢者通吃规则。选举人团和赢者通吃是美式选举中最重要、最独特的两个因素，但这两个因素叠加起来却造成了党派偏见与政治极化。受此影响，摇摆率和党派偏见成为政党争取选票的关键指标。具体来说，摇摆率反映了政党在普选中份额每增加一个百分点，选举人团投票预期增加的程度。而党派偏见则是指两党在相同投票比例的竞争下，

① Barney Warf, “The U. S. Electoral College and Spatial Biases in Voter Power”, *Annals of the Association of American Geographers*, Vol. 99, No. 1, 2009.

② John Wright, “Pivotal states in the Electoral College, 1880 to 2004”, *Public Choice*, Vol. 139, No. 1 – 2, 2009.

③ Darshan Goux and David Hopkins, “The Empirical Implications of Electoral College Reform”, *American Politics Research*, Vol. 36, No. 6, 2008.

获得的选举团投票的数量。[①] 一个公正的系统应当根据共和党和民主党投票比例产生相同的选举人票，但美国的选举人团与赢者通吃却未能如此提供相对公平的选举人票，反而加剧了恶性竞争与极化。在这种规则下，候选人即便普选票落后，仍有可能赢得选举团的多数票赢得选举。这种现象违背了少数服从多数的民主观点，加剧了民众对选票代表性乃至选举系统合法性的怀疑，使极化情绪在社会范围内蔓延。随着极化现象愈演愈烈，候选人试图通过放大差异与不平等的方式赢得选票。“这种竞争进一步破坏了对体制的信任，并提高了抗议的预期价值。”[②] 近年来，相当多的民主党和共和党选民都表示，如果自己支持的候选人因为邮寄选票而失败，他们将拒绝接受2020年总统选举的结果。不同阵营的政党和民众之间的容忍和妥协程度也逐渐减少，极化程度不断增强。

选举人团制度加剧政治极化的原因之二是其维护了两党制，形成了同质性更强的政党。选举人团具有“乘数效应”（Multiplier Effect），有助于在某州占优势的政党稳定地向本党总统候选人提供选举人票，进而维护美国两党制，它还为某一特定政党提供赢得竞选所必需的选票，形成一种内在偏袒机制。[③] 现如今，红州和蓝州成为两党制坚实的后盾。这种对抗式制度体系，使两党寡头政治相在互对抗中走向极端，形成相互否决的制度体系，[④] 加剧着社会分裂与政治极化。调查显示，两个最大的政党在选区中占据主导地位，通常获得的选票总计高达90%以上，尽管存在除两党之外的其他政党，但它们很少得到选民支持。[⑤] 竞争被局限于两大党之间，第三党派的生存空间被大大压缩。即便有第三党派参与竞选，获胜的概率也微乎其微，因为选民不愿意将自己的选票浪费在一个没有希望的小党身上。在此情况下，政党内部成员越来越同质化，外部又缺少能够打破两党格局的第三方力量，政党两极化程度不断增强。除此之外，

① Phillip Ardoin and Bryan Parsons, “Partisan Bias in the Electoral College: Cheap States and Wasted Votes”, *Politics & Policy*, Vol. 35, No. 2, 2007.

② Michael Heaney, “Protest at the Center of American Politics”, *Journal of International Affairs*, Vol. 73, No. 2, 2020.

③ 张业亮：《美国选举人团制：历史演变、制度缺陷和改革》，《美国研究》2021年第2期。

④ 苏长和：《民主的政治学叙事与民主的中国道路》，《政治学评论》2022年第1期。

⑤ Matthew Singer, “Was Duverger Correct? Single-Member District Election Outcomes in Fifty-three Countries”, *British Journal of Political Science*, Vol. 43, No. 1, 2012.

选民间的两极分化也受到两党制的影响。在两党制下，民众越来越多地加入两党之一，他们对政党的支持愈发坚定，政党和民众的极化程度也不断增强。

四　结论与讨论

美国在长期实践中形成了一系列选举制度，其中，初选制度、选区划分制度和选举人团制度分别对应了总统选举的三个阶段，即候选人提名环节、候选人竞选环节和选举团投票环节。初选制度经历了漫长的演进和发展，并逐渐形成了封闭式初选、开放式初选和半封闭式初选三种模式。不同类型的初选方式对政治极化具有不同程度的影响，其中以封闭式初选最为严重。参与初选的政党精英和选民都呈现出比大选选民更加极化的倾向，并在相互影响下，呈现出愈演愈烈之势。选民与候选者日趋极端的态度影响到国会与大选，对社会产生严重影响。初选加剧极化的原因是多种多样的。一方面，初选对选民资格的限定使初选中较为积极的活跃选民在意识形态上相对极端，推选出的候选者极化程度也较高。另一方面，政治献金也加剧了政治极化，极化选民凭借金钱收获了更高的影响力，加剧政治极化。

选区划分制度的设立有助于保障各选区的人口大致相等，然而，它却日益沦为政党竞争的工具。各州对选区的划分开始综合考虑政党需要，着眼于为政党提供安全选区。长此以往，各选区的政党偏好被重塑，使重划后的选区成为政党的附庸，为政党提供党派优势的同时也导致了边缘极化。选区划分加剧了政党间的无序竞争的同时也增加了选民的党派偏好，使不同选区内选民的意识形态立场更加同质化，极化程度也不断增加。这一影响同样蔓延至国会与大选。选区划分之所以能加剧美国政治极化，究其根本，一方面受立法机构影响，由立法机构主导划分的选区在极化方面表现更加突出，而极化的选区反过来又加剧了立法者的极化程度，二者的相互作用使美国政治极化问题愈演愈烈。另一方面，选区划分削弱了政党间的竞争力，安全区的增加使相同或立场相近的党派支持者聚集在一起，极化程度不断加剧。

选举人团制度是美国最具独创性的制度，但它却激化了两党间的竞争，尤其在关键州。两党主要的总统候选人对关键州高度关注，彼此间的攻击不断升级。这一现象对选民也产生了影响，加剧选民党派偏见，促进选民极化。尤其在大选中，两党为争取关键州支持，坚持高度极化的态度和立场，加剧社会分裂。选举人团制度加剧政治极化的原因一方面是受到赢者通吃规则的影响，在选举人团与赢者通吃的双重作用下，党派偏见与政治极化不断升级，甚至有悖民主原则，这成为学术界对选举人团制度提出批判与质疑的关键所在。另一方面，选举人团制度维护了两党制，形成了同质性更强的政党，加剧政治极化。

选举制度的制定与修订本应以保障程序合法、过程公开、结果公平为目的，但美国的选举制度却在实践中沦为两党竞争的工具，加剧政治极化，成为美国社会的顽瘴痼疾。究其根本，这些选举制度暴露的缺陷根植于美国社会独特性与两党制。首先，各州对选举制度的设计和制定有着较大的差异，美国总统竞选的过程也相对复杂，其中不可避免存在缺漏，为政党留下操纵选举的空间。其次，在两党制的影响下，美国政党精英与民众必然只能沿着意识形态光谱的两端不断移动，政党与选民之间相互作用相互影响，极化程度日益加深。选举制度可谓是选举民主的重要体现，美国将民主局限在选举过程中，但唯选举民主却暴露出一系列问题，在美国造成严重的政治极化问题，加剧族群矛盾，造成社会撕裂。选举只是民主的一个环节，将民主限定为选举不利于民主的发展与巩固。被局限于某一特定环节的民主必然是片面的，其发展过程中也会暴露出诸多问题，对于任何国家而言，民主的发展应当是全面的，同时也应当是动态变化的。今后，世界各国都应当坚持符合本国实际的多元化民主道路。

（责任编辑：赵洁）

新兴学科

论新形态政治传播学中的五大关系

荆学民*

【内容提要】 随着媒介技术的进步与政治社会的发展变化，近年来，越来越多的学者开始投身政治传播研究之中，政治传播“学”的形态逐渐彰显。政治传播研究也需要升华到一种“学”的境界，用政治传播学引领和指导未来的政治传播实践，同时依靠政治传播研究的“学理性”协调政治学与传播学的学科争论，解释中国与西方政治传播的实践差异，囊括政治过程中政治宣传与政治沟通的概念内涵，容纳传播技术的迅猛发展以及新时代人类政治秩序的剧烈变革。这就需要辨明新形态政治传播学中的五大关系，包括作为基础研究范畴的政治与传播之间的关系，作为基石性概念的传播、沟通、宣传、交往之间的关系，作为研究对象之要素的权力、媒介、受众之间的关系，作为认知层次的理论与学科之间的关系，作为研究方法的科学与哲学之间的关系。未来的政治传播研究要坚持对基础理论的研究，同时“自上而下”“由内而外”地深入推进国际政治传播研究与微观政治传播研究，建构一个前提可靠、内涵稳定、边界清晰、对象明确的政治传播理论体系。

【关键词】 政治传播；政治沟通；微观政治传播

究竟是否存在一个“政治传播学”？这是长期以来困扰中国政治传播学界的重要问题。笔者于2009年曾提出，当时在国内中国政治传播研究提炼得不够清

* ［作者简介］荆学民（1959— ），男，山西临猗人，中国传媒大学政治传播研究所、政府与公共事务学院教授，主要从事政治传播的教学与研究工作。

晰，政治传播尚未完成“学科化”的任务，或者说政治传播尚不能被称为一门“学科”。[①] 在当时，互联网对于政治传播的挑战和重构已经初见端倪，“如火如荼”的政治传播实践与“荒芜贫瘠”的政治传播理论之间的巨大落差，亟需政治传播学的理论介入。可喜的是，在实践要求与理论研究的双重推动下，新形态的“政治传播学”已经“呼之欲出”。随着近四十年的发展，特别是近十年来越来越多的学者投身到政治传播研究之中，使中国政治传播研究走上了形成独立学科的探索之路，中国的政治传播研究边界越来越清晰，主题越来越鲜明，视野越来越宽广，内容越来越丰富，方法也越来越先进。但“仰之弥高，钻之弥坚”，在政治传播研究中很多根本性的问题悬而未决，比如政治学与传播学研究视界之间的隔离与撕裂，中西方政治传播研究难以对话融合，是否存在哲学意义上的政治传播规范研究，如何在剧烈变动的政治传播中找到恒常的规律，是否存在稳定的研究对象和明晰的学科边界使政治传播研究的“名”与“实”相符。面对这些问题，一般意义上以具体现象为研究对象的政治传播研究已经无法解答，需要在“学”的意义上进一步推进政治传播研究，构建具有普遍价值的政治传播学科体系。

一　政治传播学科化的时代背景

自进入 21 世纪以来，人类步入了一个“大变革”时代，新兴政治样态改变了传统政治传播的内容和形式。[②] 随着以互联网为代表的新兴传播技术突飞猛进的发展，国家与社会的关系，国家与国家间的关系，人与人的关系，政治传播的形态和样貌也在随之调整变化。人类经历的这场巨大变革，既体现在政治传播活动上，同时也需要政治传播体现出来。构建政治传播新秩序已经成为在这个时代寻找确定性的重要抓手。在大变革时代，政治传播是“忙碌”的，需要

① 荆学民、施惠玲：《政治与传播的视界融合：政治传播研究五个基本理论问题辨析》，《现代传播》2009 年第 4 期。

② 庞金友：《政治样态与传播幻象：大变局时代政治传播的五大核心困境》，《青海社会科学》2021 年第 4 期。

“飞转”起来，政治传播从未有像今天这样负载了大量的信息和多元的价值，政治传播的内容和形态如何与人类文明相适配，在更高层次上引领人类政治文明前进的方向，成为这个时代必须面对的问题。

不确定性与确定性的辩证贯穿于人类历史的始终。从哲学上讲，人们必然处于一种不确定性之中，未知的世界很大很广阔，无论是大自然还是人类社会抑或是精神世界，都具有不确定性。在不确定中探索和构建确定性，构成了人类文明进步和跃迁的动力，确定性中蕴含的可能性，则构成了人类政治文明的不同样貌。而作为把握人类社会基本发展规律的社会科学研究中却弥漫着“不确定性”的迷茫，“后西方”“后情感”“后疫情”等“后学”概念来袭[①]，预示着人类进入到一个不确定的时代，在作别旧秩序的同时新秩序尚未建立，未来尚不明确的时代，学术界只能用“后”这一“只破不立”的限定词来展示现时代与之前社会样态的区别，而没有办法对种种现象进行更为明确的言说和界定。而在实践领域，现如今政治传播正搅弄着人类社会，已经成为不稳定的因素，在新媒体技术的加持下，偏离轨道的政治传播更容易激发甚至刻意利用人类意志中非理性的激情因素，形成不稳定不健康的舆论态势。这种众声喧哗，争论不休的政治传播也干扰着政治传播研究，使政治传播研究陷入混乱与浮躁的境地。

由此，政治传播研究与“百年未有之大变局”的情势“重叠同步”，构成了政治传播学科化的内在动力和时代机遇。在一个变化频繁、复杂分化的时代，人类仍追求一个和平有序、繁荣稳定的世界。人们需要借助政治传播活动来调适社会关系，用政治传播表达谋稳定、谋发展、谋合作的价值诉求。[②] 因此，善于运用理性的深思，敢于传播真实信息，勇于维护人类文明的政治传播必然要在这一重要时刻展现自己的巨大作用，这就需要用政治传播学的学理性赋予政治传播实践确定性，政治传播的确定性赋予政治确定性，用政治确定性给予人类历史确定性，同时用中国与中国共产党前途命运的确定性给予全球发展治理

① 史安斌、杨云康：《后真相时代政治传播的理论重建和路径重构》，《国际新闻界》2017 年第 9 期。

② 傅梦孜、付宇：《变化的世界，不确定的时代——当前国际秩序演变的趋势》，《人民论坛 · 学术前沿》2017 年第 7 期。

确定性，在“百年未有之大变局”中寻找政治传播活动发展与政治传播学科化的先机。

政治传播是从西方引介入中国的概念。近年来，政治学、传播学等社会科学界都在尝试“去西方化”，推进中国自主知识体系建设。虽然政治传播学作为西方学术界的“舶来品”，但中国的政治传播研究尚未被完全“西方化”。无论是西方学界还是中国学界所宣称的政治传播学，都几乎无法囊括和分析对方的政治传播实践。因此，需要从学理性的高度，重新思考研究政治传播研究中的基本概念、基本范畴、基本命题之间的逻辑关系，超越政治传播地方性知识与本土性经验，建立对中西方政治传播实践都具有普遍解释力的政治传播学。

二　政治与传播：基础研究范畴的关系

构建新形态的政治传播学，还要重新从“政治传播”这个“始基性”概念出发。之所以被称为“始基性”概念，是因为“政治”与“传播”是理论逻辑进程的出发点，是无法再追索其源头的概念或范畴。而“政治”与“传播”是人类最古老、最基本、最常见、最活跃的活动领域，这两个领域现如今也在不断地变化发展。因此科学恰当地界定“政治传播”是困难且必要的。但首先应该明确的是，政治传播研究既不是政治生活中的传播现象，也不是传播过程中的政治作用，要完整准确地理解“政治传播”，还要以分析与综合的视角，回归到“政治传播”这个整全性的“元概念”，在此基础上再探究政治传播的研究对象、核心范畴、基本原理，以此构建一个有明确研究对象、明晰学科边界、明显内涵指向的政治传播理论体系。

长期以来，政治学与传播学都十分关注政治传播，但两个学科往往自说自话，对对方的理论体系和学术成果都不甚了解。政治学侧重于政治动员、政治参与、政治表达、政治心理等问题的研究；传播学则重点关注新闻发布、政治宣传、公众舆论等。“碎片化”“两张皮”的研究，体现了政治学和传播学两个学科在政治传播研究上的“壁垒”与“偏狭”，因此需要用“视界融合”的学科超越视野，对“政治传播”进行深度解析和建构。

关于“政治”与“传播”的关系，“政治统摄传播”依然是政治传播研究中最具核心地位和统领意义的理论论断。值得注意的是，所谓“政治统摄传播”，绝非“政治学”统摄“传播学”，更不是用单一僵化的行政指令来干预正常的传播过程，而是在学理意义上实现二者的“同一”。笔者在对“政治传播是政治共同体的政治信息的扩散、接受、认同、内化等有机系统的运行过程”[①] 这一新的概念界定的基础上，将理论研究的视角投入政治传播的实践历史以及未来形态中，提出了“政治统摄传播”这一理论论断。

综上所述，这意味着我们需要在哲学上，从政治与传播“同一”的深度把握政治传播。所谓“同一”，意味着在政治传播中“政治即传播”“传播即政治”。政治的运行离不开信息的传递，而传播天然地被政治社会关系所规定。当传播内容体现人类社会性本质，同时能够反映政治社会关系的时候，“传播”本质中的“政治”要素便凸显出来。另一方面，“政治”与“传播”的“同一”也体现在对社会秩序的维系与建构之中。“政治”与“传播”在追求确定性问题上实现了哲学意义的“同一”，由此也生成了政治传播。在不确定性的因素中建立社会秩序，寻找到人类社会发展方向的确定性，以此设定一个确定的理想目标，引领国家中的人民去追寻和实现，是国家政治的主要任务。[②] 而按照施拉姆的观点，传播的本质也是利用信息供给降低不确定性，给予社会以稳定性，这是政治与传播“同一”的最深根基。“政治”与“传播”由此合二为一、无缝融合，在不确定中维护社会秩序的正常运行，就此构成了政治传播最原始的功能。进一步而言，政治传播不是“政治或传播”“政治与传播”“政治加传播”“政治跨传播”，政治传播也并非与“环境传播”“文化传播”“健康传播”并列的“子领域”，而是一种贯穿于人类政治社会，内在于日常传播活动的历史现象。因此，“政治统摄传播”是一个具有普遍意义的理论判断，同时也是构建政治传播学的始基性命题。

---

① 荆学民、苏颖：《中国政治传播研究的学术路径与现实维度》，《中国社会科学》2014 年第 2 期。

② 荆学民、刘胜君：《政治传播研究中的几个核心命题辨正》，《现代传播》2013 年第 7 期。

三　传播、沟通、宣传、交往：基石性概念之间的关系

作为从西方舶来的概念，如何译介 political communication 这个概念决定了政治传播学的学科命名问题，同时相关概念之间的逻辑关系以及所指涉范畴的重叠与差异也决定了政治传播学的学科合法性。"政治传播"这一概念既要涵盖特定的人类活动，同时也要有不可替代的独特内涵，保证概念指向的明确性。迄今为止与 communication 对应的译文有十余种，包括交通、交流、交际、交往、交换、流布、通信、通讯、传通、沟通、传播、传递等。自 20 世纪 20 年代传播学诞生后，communication 才获得了"传播"的含义，在此前，communication 一般意为"交流"。[①] Communication 含义的复杂性也导致了 political communication 翻译中的困难。Political communication 可以翻译为政治传播、政治沟通，也有人认为中国只有政治宣传而没有政治传播。一般而言，政治学的学者更倾向于将其翻译为"政治沟通"，传播学学者更倾向于将其翻译为"政治传播"。俞可平认为，political communication 一是指大众传播学意义上的政治沟通，即国家与社会的政治沟通；二是指信息论和控制论意义上的政治沟通，即政治系统内部的信息流通。[②] 由此形成了"政治传播分析"和"政治沟通分析"两种分析路径。而对于政治交往，郁建兴将其视为政府与公众通过对话协商达成具有公共性共识的过程，是一种超越和整合"政治沟通分析"和"政治传播分析"的新路径。[③]

中国政治传播研究要建构普遍性理论，对于"政治传播"的理解就必须宽泛取义，因此笔者更愿意将 political communication 译成"政治传播"。"传播"指的是广义的信息流通过程，涵盖了"宣传"和"沟通"的基本内涵，而对于"交往"，从马克思主义的视角来看，社会交往是在一定历史条件下人与人之间形成的物质生产关系和精神关系。社会交往反映了人的社会属性。[④] 因此交往的

① 何道宽：《翻译的无奈——翻译 communication 的思考》，《中国翻译》2004 年第 4 期。

② 俞可平：《政治传播、政治沟通与民主治理》，《现代传播》2015 年第 9 期。

③ 郁建兴、何子英：《政治交往：一种政治沟通的新分析路径》，《社会科学辑刊》2009 年第 4 期。

④ 范进：《马克思的社会交往理论》，《社会科学战线》1994 年第 6 期。

过程不仅限于传播，贸易、战争、迁徙等活动也会促进人的交往。[①] 换言之，交往是传播和沟通的结果，是人与人更广泛的物质和精神联系。由此扩展到政治传播领域，政治传播与政治沟通、政治宣传，甚至政治交往，并不是非此即彼的、竞争性的概念关系，而是需要以“政治传播”来统筹的不同形态、不同政治意义的政治传播类型。针对这一问题，笔者深度论证了“政治传播三形态说”，将政治传播分为政治宣传、政治沟通、政治营销三种基本形态。[②]

政治宣传最直接地承担着“传播的政治化”的功能，是政治信息从上层的国家与政党逐步向社会化推进的过程。政治宣传的正当性源于政治具有现实性与理想性的双重属性。理想是对现实的批判性超越，所以理想总是尽善尽美、至高至义的，政治的运行过程就是实现政治理想的集体奋斗。政治宣传将政治信仰的神圣性与政治伦理的至上性具象化为可被传播和接受的政治符号或政治话语。政治宣传就是通过广泛的鼓动，使广大的人民群众受到感召，运用人民群众的力量，将政治理想从观念形态不断转化为现实形态。另一方面，政治宣传是政治共同体集体认知中的“简化选择”。就此而言，政治宣传的过程正是信息不断“社会化”和“政治化”的过程。也正是在这个意义上，政治宣传是任何政治共同体运转都必需的基本形态。

政治始于理想，理想要变成现实，即政治的传播化，这就需要传授双方围绕共同议题进行政治沟通。政治沟通的重点在于政治运行和行政决策中的“沟”与“通”的过程，即以“沟”促“通”，达成共识。相比于政治宣传，政治沟通是政治向行政领域的延伸和拓展，具有政治信息流动中“输出反馈”“反馈互动”机制，更加具体和直接地承载着政治现实。从传受关系来看，政治宣传是传统的“主—客”二分关系，政治沟通则是基于“主体间性”关系。政治营销产生于竞争更为激烈的民主环境中，是市场逻辑对政治传播的侵染。政治营销是政治沟通的发展，但在内在逻辑关系上，又是对政治宣传的“否定之否定”的“升华性”回归。

因此，既不能粗陋地把中国的“政治宣传”排除在预先设定的“政治传播”

---

① 马克垚：《世界文明史》（第2版），北京大学出版社2016年版，第416—430页。

② 荆学民、段锐：《政治传播的基本形态及运行模式》，《现代传播》2016年第11期。

之外，又不能用“政治宣传”掩盖“政治沟通”，将“政治传播”等同于“政治宣传”，使之简化为单一僵化的模式。这些都是将现实的“政治”与“政治传播”的理论研究混淆在一起进而将“学术”“政治化”的表现。把“政治宣传”和“政治营销”对应独立并且与“政治沟通”并列，将三者融入“政治传播”的“运行模式”中，在一定的理论普遍性高度上完整地呈现出政治传播的基本形态，它深度解决了长期以来困扰研究者们的“政治学与传播学的学科壁垒”“中国立场与西方立场”“传播的政治与政治的传播”“政治传播的理论与实践”“政治传播特殊性与普遍性”等诸多矛盾。

四　权力、媒介、受众：研究对象之间的关系

不论是作为研究领域，还是作为一个正在成长的学科，中国的“政治传播”都需要一个明确的研究对象。将政治传播的过程拆分开来，会发现无论什么形态的政治传播，都存在权力、媒介、受众这三个要素，三者构成了政治传播的完整形态，这一点在中西方是相通的，由此抽象出的政治传播学研究对象符合建立具有普遍性价值的理论体系的理论要求。

著名政治学者同时也是政治传播研究奠基者的哈罗德·拉斯韦尔（Harold Lasswell）在其著作《政治学》中，用一种颇为现实主义的态度，将“政治”解释为“谁得到什么？何时和如何得到？”[①] 政治是精英（权势和权势人物）与群众之间的价值（尊重、收入、安全等）的分配问题。如果再将“传播”要素引入，政治传播研究的对象便显现出来，即政治权力（即精英）、受众（即群众）以及二者之间的“媒介”。当代社会的“媒介化”特征已经十分明显，人与人的沟通交往越来越依赖媒介的作用，不同的媒介形式构成了社会不同的组织形态。后来，拉斯韦尔将这种对人类社会行为进行分解的逻辑扩展到传播学研究，提出了著名的“5W”模式。常常被人忽视的是，拉斯韦尔在提出“5W”模式后，便紧跟着

① ［美］哈罗德·D. 拉斯韦尔：《政治学：谁得到什么？何时和如何得到?》，杨昌裕译，商务印书馆 1992 年版，第 3 页。

依据对这五个问题不同程度的关注和不同角度的回答，划分出不同的研究类别。他认为，研究“谁”的学者倾向于控制分析，研究“说什么”的学者倾向于内容分析，研究“通过什么渠道”的学者倾向于媒介研究，研究“对谁说”的学者倾向于受众分析，研究“取得什么效果”的学者倾向于效果分析。①

由此引申到政治传播研究，对待权力、媒介、受众这三个要素不同的侧重和理解可以划分中西方政治传播研究的派别。在中国，政治传播研究的核心对象是权力（power），重点关注政治权力如何影响政治传播过程。在西方，政治传播研究的核心对象是媒体（media），以及围绕着媒体而形成的政治体系、公民之间的关系。西方是小国家的政治体制，政治是竞选型政治，其媒介体制是相对独立的，因此它们将媒介放在比较重要的位置。在政治传播领域，他们认为媒介起着核心的作用，在逻辑上“政治”是“先”，“媒介”是“后”，媒介是政治信息的发源地，政治权力是可以被媒介控制的。而中国的政治传播研究中，“党管媒体”始终是不可忽视的一个前提预设。中国的政治传播以“政治宣传”为基点和主轴，虽然近年来媒介技术重构了国家与社会的关系，推动了网络民主的进程，但媒介、政治权力与受众之间的关系在本质上没有改变。在中国，媒介没有所谓的“独立性”，在关乎国事的重大问题上没有办法生产最原始的政治信息。因此在中国，媒体在政治传播上扮演的理想角色是“人民的喉舌”，是“工具性”的，政治宣传也被官方称为“宣传思想工作”。在中国，政治是“先”，媒介是“后”，或者说媒介是政治权力的延伸。在宣传思想工作中媒介与国家是一体的，共同面对着受众。由此分解，中西方政治传播实践的差异性及其背后的政治社会逻辑便直观地呈现出来。

西方媒体自身的权力是比较大的，中国的情况与之不同。但中国与西方仍有共通的地方。找到这个共通之处，在一种普遍意义上研究三者之间的关系及其运行规律，进而抽象出人类政治传播的“底层逻辑”才是政治传播“学”的研究目标。不论在资本主义社会还是在社会主义社会，大众媒介都会受到社会中政治力量和经济力量的支配和控制。只不过在资本主义社会控制大众媒介的

---

① ［美］哈罗德·拉斯韦尔：《社会传播的结构与功能（中文版）》，何道宽译，中国传媒大学出版社2015年版，第1页。

是资本的力量，在社会主义国家中则是执政党和政府。在这个意义上，资本主义社会的大众媒介往往自我标榜为“社会公器”，更强调大众媒介对政治社会的监督和监控。当然这种批判属性只停留在表面问题上，无法深入到生产力与生产关系的矛盾之中，西方的政治传播已程度不同地显现出背离民主、政治作秀、政治失诺等负面效果。西方的媒体也可能被政治权力或资本权力渗透，因此它也并不像自己所标榜的那样是完全独立的。针对这一问题，西方的政治传播研究在对媒介效果进行定量分析之余，以传播政治经济学为代表的批判研究也很有影响力。而社会主义国家则表现为党性原则支配下的舆论工具和“灵魂工程师”，但是这种单纯依靠“灌输”的政治传播方式也需要不断地调整优化。① 因此，无论是中国的政治传播还是西方的政治传播都与规范意义上的理想的政治传播存在差距，在权力、媒介与受众之间关系等问题上仍需不断进步调适。

从政治发展的目标来看，我们既要超越西方以媒介为中心的“三边”的政治传播，也要超越没有独立媒介的“两边”的政治宣传，实现权力、媒介、受众三者的彼此独立、相辅相成。媒介是一个传播信息的中介和枢纽，它既可以把信息从政治主体传播给受众，也可以反过来把信息从民众传播给权力。媒介就是媒介，我们不能赋予媒介太多的价值意义，媒体机构是一个传播信息的中介。媒介能够维持或改变政治权力与受众之间的关系，但是不能代替政治或社会。在政治传播研究中既不能忽视媒介的能动性，同时也不能高估了媒体的政治作用。中国的政治传播以政治宣传为起点和基点，既要超越西方以媒体为中心的政治传播，也要超越没有独立媒介的政治宣传。

五　理论与学科：认知层次之间的关系

现如今，政治传播研究需要实现跨越式发展，这种跨越式发展就是要将政

① 张昆：《大众媒介的政治属性与政治功能》，《武汉大学学报（人文科学版）》2006 年第 1 期。

治传播研究从领域、问题和理论上升到一个学科的高度。学科是人类认知的最高层次，即能够对特定领域所蕴含的规律进行较为系统和准确的把握。当然，对于政治传播到底是不是真正存在“学”，也有学者提出疑虑。关于学科的形成，可以参考德国古典哲学家康德提出的学科标准：“如果想要把一种知识建立成为科学，那就必须首先能够准确地规定出没有任何一种别的科学与之有共同之处的、它所特有的不同之点；否则各种科学之间的界线就分不清楚，各种科学的任何一种就不能彻底地按其性质来对待了。这些特点可以是对象的不同，或者是知识源泉的不同，或者是知识种类的不同，或者是不止一种甚至是全部的不同兼而有之。一种可能的科学和它的领域的概念，首先就根据这些特点。”① 学科建设可能关涉人才培养、教材建设、学术共同体培育等问题，但从一个学科形成的必备要素来看，按照历史与逻辑的顺序，首先应该确定学科的研究对象的独立性及其确定性。对于政治传播研究而言，一方面，政治传播研究要么被规限于“政治学”，要么被规限于“传播学”，作为具有完整独立内涵的“政治传播学”尚未形成清晰的研究对象和研究领域。另一方面，对于政治传播研究的理论基础、研究范式、研究方法、基本原理、基本规律、普遍结论，学界尚未形成共识。这导致了政治传播研究的碎片化与撕裂感。而政治传播作为人类社会生活中客观存在的现实活动具有整全性，如果仅从单一的政治学或传播学视域研究，无法勾勒出政治传播的完整样貌，关于政治传播具体现象的零散研究无法互联共通，形成的个别结论也无法满足现实的需要。

构建中国的“政治传播学”具有很大的难度和挑战。从西方引入的政治传播或政治沟通理论是基于西方的政治制度和媒体结构而产生的，具有鲜明的地域与制度特色。因此，在将这些理论应用于理解中国政治传播或沟通的时候，创造性再转换是非常必要的，生搬硬套一定会带来理论“水土不服”的问题。稍有常识的研究者都会认同，西方的政治传播学和政治传播实践建立在西方选举民主的政治背景之上，由此而产生的政治传播理论对中国的政治传播实践缺乏解释力。中国与西方存在两个几乎完全不相融的政治传播研究阵地，双方学

① ［德］康德：《任何一种能够作为科学出现的未来形而上学导论》，庞景仁译，商务印书馆 1978 年版，第 3—4 页。

界对对方政治传播实践的描绘与分析只是作为了解对方的窗口。以选举为中心的西方政治传播既不是历史上，同样也不是全球范围内人类政治传播的统一标准和最高形态，中国的政治传播也不是西方政治传播的复制品。中国不是只有政治宣传没有政治传播，同样西方也不是只有政治传播没有政治宣传，要想平等地对待中西方政治传播的历史实践，需要有更高的视野和更深的锐度公平地研究政治传播，将政治传播学升格为更高层次的上位概念。因此对于西方的政治传播理论切不可简单地“拿来”，中国只能生成基于中国特色政治传播实践的、同时符合新时代政治社会发展要求的、具有本土化和时代化双重特征的“新政治传播学”。换而言之，我们要将中国的政治传播理论上升到“学理”的层次和境界，赋予理论普遍的解释力和抽象的概括力，即不仅局限于解释和指导中国政治传播实践，同时也要涵盖和囊括西方世界乃至全球的政治传播实践，这是一种宏大的“学术野心”，同时也是构建中国特色哲学社会科学体系的必然要求。

近年来，中国政治传播研究的成果越来越丰富，整个学术共同体正朝着学科化的方向努力。对于当前的中国政治传播而言，从理论到学科，恐怕不是“要不要转”“能不能转”的问题，而是要顺应时代发展和学术研究的客观规律和历史趋势，把握时机，积累量变，促成质变。这就需要把基于中国政治传播实践的政治传播智慧升华为一种具有普遍意义的知识形态，并将其融入“新形态政治传播学”的学科体系之中。

六　科学与哲学：研究路径之间的关系

在西方，政治传播研究深受行为主义政治学的影响，强调通过定量的方式测量政治传播活动的效果。近年来，中国的政治传播研究也在社会科学“计算化”趋势的影响下，在定量研究方面取得了比较大的进步。[①] 随着网络传播的发

① 张小劲、孟天广：《论计算社会科学的缘起、发展与创新范式》，《理论探索》2017 年第 6 期。

展，传播的信息化与数据化也为政治传播的定量研究提供了技术条件支持。目前的政治传播研究，有着明显的重“科学”轻“哲学”的特征。而中国的政治传播研究，特别是在构建新形态政治传播学的过程中，不能缺少哲学思维。科学的研究追求的是确定性的结论，而哲学的研究追求的是思维的辩证与“无限”。科学的研究是具体的研究，哲学的研究是抽象的研究。科学的研究对于价值主张进行中立化的处理，但其研究的价值关怀与价值立场则需要依靠哲学的研究来建构。[①] 因此，科学的研究为哲学的研究提供经验素材，哲学的研究为科学的研究提供价值基础。科学的研究需要放到具体的情境里，对于社会现象进行个例或分类的描述、分析，需要准确客观地呈现研究对象的特征及影响因素，强调可检验性与可重复性，因此这种研究得出的结论是正确的、是有效的，但是未必能够放大成一种普遍性原理，去适应更多的具体对象。哲学的研究则面向“元问题”而展开，因此哲学的研究可以超越具体情境得出普遍规律。

如同其他社会科学学科一样，政治传播学依然要坚持规范研究与实证研究相统一。所谓实证研究，是以“科学”为导向的研究，强调研究的客观性与确定性，所谓规范研究，是以“哲学”为导向的研究，强调研究的思辨性与人文性。尽管中国政治传播学的研究方法在这二十年间变得更加多元和实证化，但要想进一步推进政治传播研究学科化的进程，还要加强“哲学”的研究路向，使人们对于政治传播的认识从“是什么”上升到“应该是什么”，以规范性的研究引领政治传播活动向更符合人性，与人类文明相适配的方向发展。

政治传播研究的前提预设首先是哲学性的，即人的思想何以被改变和影响。很显然，传播是一个重要的途径和手段。而在“传播”的诸多领域中，“政治传播”由于涉及政治价值与正义观念的阐释与碰撞，对人的整个思想体系的影响最具根本性，对社会发展的影响也更为重要。政治传播学要在世界观、历史观和方法论意义上高度信奉和持续坚守马克思主义哲学，这种对于马克思主义哲学原理的运用不是出于政治要求而是哲学需要。在马克思主义哲学看来，“人”不是一种抽象的概念，也不是像动物一样是非理性、无目的“活物”，人是具体

① 任剑涛：《试论政治学的规范研究与实证研究的关系》，《政治学研究》2008 年第 3 期。

的、历史的、实践的，即人是社会实践的主体，社会中的一切均是人的活动的产物。马克思主义的世界观和认识世界的方法论，对于认识“属人世界”的万事万物，具有普遍的指导意义。在面对具体科学时，哲学思维的理论穿透力和理论洞察力，是其他学科不能比拟的。对于政治传播研究而言，哲学能够使我们从更为本质的意义上思考和研究政治传播问题，也就是说，应该首先从“人的活动”的视角夯实其研究的理论基础。面对越来越先进的媒介技术带来的人的“异化”，康德提出的“人是目的，不是手段”的道德律令愈发振聋发聩，“人”不是传播的工具，更不是可以被简单数据化的冰冷的对象。因此，科学与哲学都不能包办政治传播的研究路径。然而非常遗憾的是，传播学乃至相关学科对于政治传播的研究，一开始就“扎入”了可能在活动中至关重要也可能无足轻重的细枝末节，而未能首先对“政治传播”做出前提性和基础性的理论框范。只有将政治传播研究上升到普遍性的高度、学理性的高度，甚至升华到最高级别的“学科”的层次，才能形成真正意义上的“政治传播学”。

七　政治传播研究的未来路径

构建新形态的政治传播学应继续从宏观视角聚焦中国政治和中国社会，既要加强政治传播学的基础理论研究，进行政治传播研究的“顶层设计”，同时也要将研究视野向纵深发展，“自上而下”“由内而外”地深入推进国际政治传播研究与微观政治传播研究，持续深入中国政治和中国社会的“腹地”，进一步增强政治传播学对当代中国重大理论和现实问题的回应性、解释力和前瞻度。

1. 坚持政治传播学基础理论研究

当我们试图处理好西方化与本土化、理论普遍性和中国特色之间关系的时候，就必须对政治传播的本质、特点、结构与功能进行明确的甄别与界定。本文仅对政治传播研究中较为突出的五大关系进行分析，但依然存在很多“悬而未决”的基础问题等待更多的研究者探究和解答。作为一种政治现象，政治传播从根本上受到政治和市场双重力量的共同塑造。现如今，政治传播是人类矛盾冲突较为激烈的领域，同时也是近年来变化最频繁最复杂的活动领域，政治逻辑、媒介逻辑、资本逻辑在这里相互交织博弈，层出不穷的新技术新现象新挑战撩拨着研究者敏感的神经，研究者也在积极地“发明创造”各种各样的新语词来回应时代的变化，甚至在“跑马圈地”，“押宝”一些可能会引领未来发展的新变化加以研究，通过自证其当的方式对其进行过分地夸大和吹捧。面对新技术和新形象，既要热烈拥抱也要心怀警惕和隐忧，只有承认媒介技术对社会政治发展的有限性，才能真正挖掘其学理性。构建政治传播学科体系，就要领先和超越现实中纷扰混乱的政治传播现象，先一步回归本位。

作为实践活动的政治传播是具体的，现实的政治传播实践活动是政治传播理论建构的来源、依据和动力。但基础理论研究应该是抽象的、宏大的、相对稳定的。政治传播作为社会科学研究中的分支学科不应拒斥宏大叙事。当然，这里的宏大叙事不是那种空洞乏味，自说自话，纯粹臆想，重复一些常识性或政策性结论的“伪研究”，而是深入到人类政治社会历史内部，体现人类共同价值追求，反映人类普遍发展规律的“真研究”。基础理论研究越抽象，越高深，越能够超越具体实践中的偶然性与个别性，超越“中—西”“古—今”的二元对立，形成更具有普遍解释力的“真理论”。而这些“真理论”才能支撑起新形态的政治传播学科体系，只有足够理论化，足够抽象，才能提炼和挖掘政治传播的基本概念、基础理论和研究方法，才能体现出学科价值。

2. “自上而下”：深入推进微观政治传播研究

随着国家与社会关系的逐步分离和良性互动，政治权力运行从国家政治的中心向外围扩散，传统的“自上而下”的科层式的传播体系让位于去中心化和扁平化的传播秩序。在市场经济与大众传播的作用下被分化和区隔的政治与社会，出现了相互渗透融合的趋势。社会运行和政治控制机制正在发生前所未有的变化。传播技术赋权并激活了社会，使“政治”不断地由“国家形态”向“社会形态”回归和迈进，微观社会和微观政治以政治传播的形式迅猛凸显出来。自媒体时代的到来则放大了这一趋势，政治传播深入到中国社会中与政治息息相关的“微社会”和“微政治”的神经末梢，微观政治传播由此显现。政治权力的结构关系与政治传播形态的变革是互构共变的关系。传播技术的发展顺应了人类政治走向民主化、社会化的规律，并为其提供了更为广阔的机遇。

人类社会交往形态的变革，经历了从一元主体性到多元主体间性，从多元主体间性到主体命运共同体，这是微观政治传播中传受关系的变化逻辑。微观政治传播与宏观的政治宣传相对应。如前所述，宏观的政治宣传是用宏大的政治理想昭引现实的过程，而微观政治传播则是顺应现实政治传播中政治信息鲜活化、具体化、弥散化的要求，使政治信息从宏大笼统性走向颗粒精致性，让“政治”更能让人接受。政治传播也要深入推进微观政治传播研究，在关注持续高势能运转的政治宣传研究之余，还要将研究的视角“自上而下”地延伸和拓展到底层，高度关注方兴未艾的微观政治传播研究，这是一种历史的必然，也应是一种理论自觉。鉴于已有一定的研究基础，微观政治传播的研究不是“一穷二白”。微观政治传播不是空洞的学术幻想，而是长期弥散于人类日常生活中的社会现实。人类的传播形式经历了口语文字时代“一对一”的微观传播，到以报纸、广播、电视为主的不针对特定对象的大众传播时代，再到网络时代社交媒体实现了个体之间的互联互通，传播模式的发展经历了从微观到宏观再到微观的螺旋上升过程，政治与社会的关系也正好经历着“正—反—合”的逻辑演绎。传播学的研究敏锐地捕捉到了这一深刻变革，越来越多的学者开始关注算法技术①、社交机器人②赋权的“底层表达”现象。值得注意的是，微观政治传播研究不应仅仅基于一个话题、一种议论而展开，而是要比较系统地铺展“微观政治传播”的研究框架和主要议题，避免呈现出“一事一议”的散布状态。我们把“微观政治传播”置于“基于社交媒体的以个体为主体的政治传播”这一基石性的“学术原点”，毫无疑问，对这一原点的系统展开，必将呈现出“微观政治传播”的新面貌、新体系。

---

① 何晶、李瑛琦：《算法、公众表达与政治传播的未来格局》，《现代传播》2022 年第 6 期。

② 张爱军、王三敏：《撬动微观政治传播的新变量：社交机器人》，《新视野》2022 年第 5 期。

3. “由内而外”：深入推进国际政治传播研究

这里的“外”指的是“国际政治传播”，随着网络媒介技术的发展，所谓的“国内”与“国际”之间信息传播的壁垒被打破，国内与国际政治传播彼此依赖，相互影响，二者的边界越来越模糊。从以民族国家为基本形态的政治共同体，到全球人民共享安全共同发展的人类命运共同体，政治传播特别是国际政治传播的作用愈发明显。特别是“俄乌冲突”直接引发了全球社会对于“国际信息战”“国际舆论战”的极大关注，除了交战各方外，未直接参与军事斗争的国家也基于自身的政治立场从不同角度“盲人摸象”似的对“俄乌冲突”进行侧写，以此塑造本国人民对“俄乌冲突”背后更深层次的国际局势的认知和理解，由此引发的所谓的“国际信息战”“国际舆论战”均属于“国际政治传播”范畴。

但其实“国际政治传播”也不是什么新理论和新话题，拉斯韦尔早在《世界大战中的宣传技巧》中就已经涉及了战时宣传问题，其中涉及的战争中国家间的传播活动，就是国际政治传播。但恰恰在“国内”和“国际”的现实政治因素在国际政治传播中愈演愈烈，迫切需要理论支撑的近几年，“国际政治传播”的研究却始终“缺席”，陷入了“死寂”状态。即便是近期兴起的国际传播研究，却也对“国际政治传播”问题“欲说还休”，排斥“国际政治传播”。

因此，对于“国际政治传播”的研究只能从“破题”开始，把“国际政治传播”从“国际传播”中彰显出来。在过去的一段时间内，“政治”成为国际传播的限制性因素，比如意识形态的差异性和对峙性、国家间交往过程中“国家利益”的坚硬壁垒等，国际传播也一直在试图绕过“政治”前行。在通行的国际传播理论和所有的国际传播交流的对话中，“政治”一词似乎成了一种让人避之不及的“妖魔”。从政治传播的视野看，当前的国际传播要着力解决两个相互联系的问题，即国际传播在何种意义上是“政治”问题。一是不能“放大”政治，将国际传播中的经济、文化、科技、社会等问题意识形态化，按照所谓“政治”的标准予以“过滤”和“筛选”，使国际传播囿于旧的模式而无法适应新时代的要求。二是不承认“政治”的国别经验和智慧，即不承认政治文明的可传播性和可共享性，严重阻碍政治间的相通性与可借鉴性。这两个层面统一起来，就使国际传播找不到国家间可以“同频共振”的内容和机制，进而陷入“空壳”和“空转”状态。

在国际传播领域，“政治”作为国家的上层建筑具有统领意义，直接决定了外部受众对国家形象的整体认知，因此，即便现如今国际传播的主体越来越具有多样性，诸如跨国公司、非政府组织、普通民众等主体不以特定的政治身份参与国际传播，国际传播依然无法实现所谓的“去国家化”与“去政治化”。另一方面，政治传播的内容的表层结构是意识形态，中层结构是政治价值，深层结构是政治文明，越深挖政治信息的内核，其可理解性与可传播性越强，却越难以表达和言说。中国特色社会主义创造的人类文明新形态需要借鉴和吸收人类一切文明成果，而政治文明是人类文明的精华，因为政治文明凝结了人在共同生活时如何顺应人性，管理事务，规制秩序的高级智慧。讲好中国故事，关键要讲好中国政治文明的故事，回应国际社会在“政治”问题上对中国的误解误读与刻板印象，塑造正面的政治形象。因此，与其在研究国际传播时，对待“政治”问题“羞答答”地“欲说还休”，生怕触碰“政治”这一敏感的神经，倒不如将国际政治传播这一研究领域突显出来，直面国际传播中的“政治”问题，寻找其背后的政治动因与政治规律。

八　结语

如何在中国现代化进程中构建政治传播学，已经成为中国政治传播研究的核心议题。政治传播是人类政治社会中基本且重要的活动，在人类历史上始终与政治文明同频共振，共同进步。无论媒介技术如何发展，“政治”始终是“传播”的限定，脱离文明轨道的传播激情就会变成助纣为虐的煽情和滥情。中国的政治传播不仅要广泛传播中国共产党领导中华民族创造的中国特色社会主义政治文明，更要在政治传播的形态、机制，与传受关系中具备“现代”的基本特质。新时期的政治传播，不仅要在国家治理现代化的过程中发挥信息传播与价值引领的重要作用，还要在更高层次上满足人民对美好生活的向往，在物质丰富的基础上享受精神的富足、宁静与自由，这正是政治传播的原始价值旨归。

然而，基于中国经验的理论创新和积累还不够深厚，没有形成比较系统的中国政治传播理论体系。中国政治传播研究一方面要超越西方的媒体中心主义和竞选中心主义，获得对中国政治传播实践的解释力；另一方面，也要通过普遍性理论的建构，将西方政治传播的研究精华引入中国，在理论与实践中推进中国政治传播的发展。这就需要加强对西方政治传播基础理论的引进与深入理解，同时基于中国经验，进行一些自下而上的概念与理论的建构，在回溯历史、植根本土、融会贯通的同时，构建新的普遍主义的政治传播认识论与研究方法论，用新形态的政治传播学来统领政治传播研究中“政治学”与“传播学”之间的矛盾，“中”与“西”的矛盾，“政治宣传”与“政治沟通”之间的矛盾，建立自主自足自洽的中国政治传播研究知识体系。

（责任编辑：任弢）

学术笔谈

编者按：2023年8月25日，政治学人平台“编辑有话说”第二期活动邀请《政治思想史》杂志主编、天津师范大学刘训练教授作为主讲嘉宾，与北京大学段德敏长聘副教授、华东师范大学周保巍副教授等共同研讨“西方政治思想史研究：现状与展望”。本笔谈栏目即根据三位老师的发言整理成文，以飨读者。在此，特别感谢政治学人平台及团队成员的策划与组织工作。

我们今天如何研究西方政治思想史？

刘训练*

非常荣幸今天能够在这里以一位“老编辑”的身份担任主讲。自2010年以来，我一直担任《政治思想史》（季刊）的编辑部主任、执行主编；并且多年来，我一直在帮一些出版社策划和主编西方政治思想史与政治哲学方面的译丛，因此，说自己是一名“老编辑”倒也名副其实。当然，我的主要身份还是一名西方政治思想史的研究者。所以，今天谈“我们今天如何研究西方政治思想史”这个话题，既是我作为一名专业期刊的主编和编辑对作者们的期待，也是我作为一名专业研究者对同行们的期待与自我期许。

就在两个月前，我参加过一次关于（段）德敏兄新著《现代民主的马基雅维利时刻》① 的线上讨论，当时我做了《我们今天如何研究马基雅维利》的简短发言。今天的发言算是那个发言的一个延续和扩展吧。不过，在进入正式话题之前，我想先做两个小小的评论，为今天的话题做个铺垫。“我们今天如何研究西方政治思想史”中的“今天”到底有什么样特定的和特殊的背景？这次活动的主题是“政治思想史研究的现状与展望”，那么我接下来讲的两个评论主要是对研究现状的反思，后面的发言内容则更多是展望。此外，我所提到的政治思想史研究是指西方政治思想史研究，不针对也不包括中国政治思想史研究——这两个研究方向之间当然有共通之处，但是它们的差异和共通之处

* ［作者简介］刘训练（1977—　），男，江苏射阳人，天津师范大学政治与行政学院教授、院长，主要从事西方政治思想史的教学与研究工作。

① 段德敏：《现代民主的马基雅维利时刻》，南京大学出版社2023年版。

一样多。

就西方政治思想史而言，我首先想简略地谈一下当前的困境。大家知道在政治学里面，与政治学其他子学科或研究方向相比，政治思想史无疑是小众。在历史学等其他学科里面也有从事政治思想史研究的，但情况差不多，都属于小众，而且现状也都有些不容乐观。我在各种场合都听到过从事西方政治思想研究的青年同仁，抱怨说“西方政治思想研究的空间已经大不如前了”。事实确实如此，特别是在论文发表、项目获批这两个对于青年学者来说关乎生存的方面都受到了挤压。如果说项目申请因为受到诸多内外因素的影响，我们无法给出明确结论的话；那么在论文发表这一块表现得非常明显：不少期刊对思想史类文章有排斥，我想大家包括我自己在内都深有感受和体会，因此我们有必要在此向那些仍然支持政治思想史研究的期刊编辑们与主编们致敬！对于综合性期刊来说，他们确实面临着各种各样的考核压力，而刊发政治思想史类的论文确实存在着他引率不足的问题。

大家也都知道西方政治思想史——包括中国政治思想史——实际上在研究价值方面是受到质疑的。这个学科或者说研究方向的价值到底何在？我们为什么要花那么多的时间和精力来研究与我们当下政治体验和生存体验如此不同之时代与背景下的那些思想家的文本和思想呢？这一点在学科内部一直是有争议的，这个话题因为时间关系，我不便多谈，仅作为问题提出来。

其次，我想指出的是，从技术性条件来说，国内的西方政治思想史研究已经基本与国外学术界接轨了。曾经对我们国内西方政治思想研究者构成重大障碍的语言问题（主要指古希腊语、拉丁语等古典语言），还有图书资料等方面的困难，如今已经克服了。一方面，随着国际教育和学术交流的日益频繁与持久推进，现在有越来越多的中国年轻学者和青年学子在国外著名大学接受严格的学术训练，娴熟掌握了西方的古典语言以及各种学术规范、标准与方法，而我们国内自己培养的学生也已经开始具备良好的语言功底和学术素养。另一方面，随着互联网时代的到来，以及信息技术的高速发展，国内的文献收集与获取几乎完全实现了与国际学术界的同步。不管是公开出版的著作、期刊，还是仍然处于档案保存状态的手稿等，都是如此。我们能够及时地获得国外的最新相关学术资讯。可以毫不夸张地说，国内研究西方政治思想史的学者，已经和西方的同行们大致处于同一起跑线上，至少在硬件方面肯定如此。我们和西方学者的差异肯定是有的，比如，在文化传统浸润和政治体验上显然存在差异，这些差异显然会影响到中西方学者们政治思想史研究的深度与广度。但是，在技术性条件处于同一起跑线的情况下，中国的西方政治思想史研究者已经没有理由继续仅仅像以前那样从事一些依附性的研究，追随西方学界的议题；我们现在需要自觉地承担起自己的学术使命，不必以西方学者为圭臬。

实事求是地讲，一方面我们今天的技术性条件已经极大地改善和提升了，但另一方面我们还有很多基础性的工作没有完成。在西方政治思想史研究方面，我们做的不是太多，而是太少！因为在线的几位嘉宾，像（周）保巍、何涛都做过不少学术翻译，所以我想利用这个机会捎带谈一下翻译问题，这是我们西方政治思想研究的一个很重要的方面。目前国内西方政治思想史原著的翻译工作，尤其是经典重译工作，仍然是非常必要的。当然，这里面有很多的困难，因为时间关系，我没法展开来说。一方面，我觉得西方政治思想史原著的翻译和重译工作还需要我们继续努力；另一方面，我也注意到国内目前翻译了大量国外的一般性导论和指南之类的著作，但我对这种翻译工作的必要性是有很大怀疑的。当然，一些中间性的诠释性著作可能还要做具体的分析，有些肯定是必要的——像保巍前段时间组织翻译的蒙克的《现代政治思想史》[①]，我认为就是很有必要的。但是，对于一般性的、导论性的著作，它本来的读者对象就是非专业的人士，我们花力气翻译成中文（而且数量不在少），我对其必要性是比较怀疑的。

以上问题，我只能简单地提一下，算是为我们今天的正式话题做一个铺垫。下面我大概谈四点，都是我自己最近的一些想法，一孔之见，仅供大家参考：第一个是概念问题，第二个是方法问题，第三个是问题意识，第四个是写作规范和技巧。在这四个方面中，问题意识是最为重要的，也是很多期刊“排斥”

---

① ［英］伊安·汉普歇尔－蒙克：《现代政治思想史：从霍布斯到马克思》，周保巍等译，上海人民出版社2022年版。

政治思想史类论文的重要因素。下面我依次谈谈这四个方面。

第一个是概念问题。为什么谈“我们今天如何研究西方政治思想史”这个话题要专门强调这一点呢？因为我们注意到，概念研究和概念史研究晚近受到了国内学界的重视，不仅仅是政治学界，其他学科也很关注这个问题。就西方政治思想史而言，我认为在概念研究、概念史研究方面还是有很多话题可以谈。一些政治思想家经典著作里面的重要概念到底应该如何翻译一直悬而未决。比如，卢梭在《论人类不平等的起源》中提出来的关于“自爱”的两个概念（amour-de-soi 和 amour propre），我们通常翻译为“自爱”和“自尊”。但是，对于自尊（amour propre）这一概念，国内学术界最近有新的看法，认为应该翻译为“自恋”。到底应该翻译为自尊、自恋还是其他，这类问题应该有辨析（我本人的看法是，amour-de-soi 不妨译作“自然之爱”，amour propre 不妨译作“自尊之爱”）。还有一些常见的政治概念和术语的误译问题也一直没有得到澄清。比如，我们以往翻译为代议制政府和代议制民主的这两个概念（representative government 和 representative democracy，需要注意这两个概念本身也不应该混为一谈），我认为准确的翻译应该是代表制政府和代表制民主。我们分析词根的时候都是在讲代表（representation），结果当它作为一个组合词出现的时候，我们却又说成是代议制。代议制政府、代议制民主是一个约定俗成的译法，谈不上错误，但它却反映了我们的一些误解。如果我们把它理顺了，很多问题就可以迎刃而解。又如，我们常常将君主制的一个特定类型（constitutional monarchy）翻译为君主立宪。这是一个很奇怪的译法，明明是立宪君主制，我们却把它翻译为君主立宪（它的对立概念 absolute monarchy 则被称作君主专制，其实最好应该译作绝对君主制）。我们当然都知道它是什么意思，但这个译法是特定时代的产物，是不准确的。从构词法上讲，君主立宪（制）和立宪君主制是不一样的。我们应该正本清源，给它一个更准确的翻译。——这些话题完全可以展开谈的，但限于主题和时间，这里我就不展开了。今天我主要就我自己在马基雅维利研究中的一点心得来谈一谈概念问题，这样才不至于空洞浮泛。

表1　马基雅维利关于政体与国家的概念和术语列表

概念和术语	简要释义与参考引文出处
自由的生活方式 (vivere libero)①	*D* I 2. 7，I 5. 1，I 6. 1，I 7. 2，I 9. 2，I 16. 3 (2)，I 25 (2)，I 33. 2，I 36，I 49. 1，I 49. 3，II 2. 1 (4)，II 2. 3，III 1. 2，III 24，III 25；21处（含2处复合词组）全部特指共和国。
公民的生活方式 (vivere civile)	*D* I 3. 1，I 7. 3，I 9. 1，I 9. 2，I 19. 1，I 55. 4，II 2. 2，II 19. 1；其中有3处（I 9. 1，I 19. 1和II 19. 1）既包括君主国，也包括共和国；其他5处特指共和国。
政治的生活方式 (vivere politico)	*D* I 6. 1，I 6. 4，I 18，I 25，I 55. 3，I 55. 4，II Pr；其中有2处（I 25和II Pr）既包括君主国，也包括共和国；其他5处特指共和国。
共和、共和国 (Res publica/republic)	I－马基雅维利在《君主论》《李维史论》中基本放弃了"共和"的古典用法，而采用现代政体二分法中对"共和"的使用，亦即与君主、君主国、君主制（或王国、王政）对立的"共和国"概念，全书这种用法有上百处。
	II－"共和"的古典用法——一般性指称国家——仅在复述古典政体学说时使用过："一些著书论述过共和国（republiche）的人说它们属于三种国家（tre stati）中的一种，他们称之为君主制、贵族制和民主制（principato, ottimati e popolare）"（*D* I 2. 2）。本章其后这种用法又连续用了5次，但最后回到罗马政体问题上来时，又恢复了君主国、王国/共和国的现代二分法。
国家 (Stato/state)	作为政体的"国家"："寡头国家"（stato di pochi，仅在*D* I 2中出现过2次，还见之于*P* 5. 1，*P* 5. 2）、"民主国家"（stato popolare，除了*D* I 2中出现了4次之外，还见之于*D* I 18. 5）；另有"自由国家"（stato libero）的说法，仅指共和国（*D* I 7. 1，*D* I 16. 4，*D* I 18. T/1，*D* III 3）。
政体 (Governo/government)	政体（主要出现在*D* I 2）："六种政体类型"（sei ragioni governi）、"三种政体形式"（tre qualità di governo）、"贵族政体"（governo d'ottimati）、"寡头政体"（governo di pochi）、"民主政体"（governo popolare）。

表1（相关研究成果未发表，请勿引用）可以观察到以下几点：

首先，马基雅维利关于政体与国家的概念和术语是有好几组的。我们以往可能都注意到了马基雅维利关于"国家"的分析，以及其著作中关于政体的传统的三分法和现代的二分法。但事实上，如果我们深入阅读马基雅维利著作的话就会发现他在政体术语上还有着非常独特的表达——当然这种用法并不是马基雅维利首创的。

简单地说，马基雅维利关于政体的一组独特概念和术语被我们忽略掉了

① 曼斯菲尔德和塔科夫译为"free way of life"，其他英译本无统一译法；中译本有"自由生活""自由体制""自由政体"等译法。"vivere civile"和"vivere politico"的情况类似。

（现有的中译本没有完全展现出这一组术语），即自由的生活方式（vivere libero）、公民的生活方式（vivere civile）和政治的生活方式（vivere politico）。我们要想准确地认识这一组概念，不能仅仅依照英译本，更不用说仅仅依照中译本，而要注意原文的表达。我们要非常细致地把这一组概念放到原著中去看，要结合相关的语境、出现的频次来理解其内涵，只有这样我们才能获得对它们的准确理解。因为时间关系，对这一组概念之间的精细分析，我这里就不展开了。但我们至少可以得出一些初步的结论。就这一组概念和术语而言，在《李维史论》当中，自由的生活方式、公民的生活方式和政治的生活方式，大致是同义词，但也略有区别。公民的生活方式和政治的生活方式更具有包容性，除了适用于共和国之外，也指向君主制；而自由的生活方式，只适用于共和国。但是，作为同义词，它们又都对立于绝对的生活方式即僭政。——这里的"生活方式"是我的权宜译法，有人把它（vivere）译为体制，甚至直接就翻译为政体；按照这些译法，这里说的就是自由的体制/政体、公民的体制/政体、政治的体制/政体。它们到底应该如何翻译，我们还可以再讨论，但是根据我在这里列出的出处参读的话，它们的用法、内涵是确定的，其对立概念是绝对政体。

在马基雅维利那里，还有一些可能会被我们忽略掉的概念。比如，他关于共和（res publica）的概念实际上存在两种用法：一方面，马基雅维利在其著作中基本放弃了共和的古典用法，《君主论》的第一句话（一切国家不是共和国就是君主国）表明，他采用了现代政体二分法中对共和概念的使用，也就是说，共和（共和国、共和制）是与君主制（王政）对立的——这是马基雅维利对共和的主要用法；另一方面，如果我们通读马基雅维利的著作，尤其是《李维史论》的话，我们就会发现马基雅维利偶尔也在指称一般国家的意义上使用过共和这个概念，也就是共和的古典用法。但是，我们仔细检索之后会发现，马基雅维利的这种用法仅出现在《李维史论》的第一卷第二章中，连续使用了六次共和的古典用法，并且都是在他对古典政体理论的复述之中。再比如，马基雅维利的国家（stato）概念也需要我们再探讨。在《李维史论》中，特别是第一卷第二章当中，我们发现马基雅维利使用了民主国家（stato popolare）、寡头国家（stato di pochi）、三种国家（tre stati）这样的说法。根据语境，我们知道，它们其实就是民主政体、寡头政体（governo di pochi）、三种政体（这些表达在本章中也出现过）。也就是说，这里的“state”就相当于“government”，由此我们可以确定这是“stato”概念的一个新用法。但我们如果笼统地把它们都翻译成民主制、寡头制，那么我们就会错失这两个概念的同义。因此，我们必须尽量准确地复原这些概念，不能大而化之。

当然大家可能会问了，这些发现又能说明什么问题，对现有研究又能有什么拓展？这一点其实我刚才已经提到了。根据这些分析，我们会进一步发现，马基雅维利关于国家和政体的概念是多系统的，而不是单一系统的。我们以往的研究，要么囿于现代的政体二分法，即君主制与共和制的对分，要么囿于传统的政体三分法，即君主制、贵族制与民主制的对分；但事实上，他还有一套概念系统，即公民的生活方式、政治的生活方式和自由的生活方式，它们对立于绝对的和僭政的生活方式。正如我们前面所说，这里“生活方式”的含义不是我们现在所理解的生活方式，而要把它理解为一种政体术语。既然作为一种优良政体，公民的生活方式和政治的生活方式，既包括君主制，也包括共和制；那么，我们就会发现关于马基雅维利是支持君主制还是共和制的传统争论其实是不得要领的。因为在马基雅维利看来，公民的生活方式、政治的生活方式——马基雅维利有时候称之为“秩序良好的国家”——既可以是共和制的，也可以是君主制的；那么，他支持的其实就是秩序良好的国家，至于它是君主制的还是共和制的，就是一个相对次要的问题。如果我们的视野还仅仅停留在传统的政体三分法，关注点就可能还仅仅停留在《李维史论》第一卷第二章，那么我们就会只看到他支持所谓的混合政体。然而，一旦把上述被以往的中译本和以往的研究所忽略的政体术语表达出来，我们就会发现混合政体议题的理论重要性在他那里大大降低了，我们需要把目光转向他所谓的优良“秩序”，而不是优良“政体”。因为相关研究我正在进行当中，所以这里没法具体展开来讲，但其前提却是基于对马基雅维利上述概念和术语的细致分析。

此外，通过对马基雅维利相关概念的复原，我们还可以捕捉到以往仅仅借助于不精确的中译文所无法捕捉到的很多学术信息。比如，我刚才提到的民主国家/民主政体问题，大家看一下原文，他其实没有使用“democratic state/government”这样的表达，而用的是“popular state/government”；我觉得这实际上反映了马基雅维利遵循了西塞罗以来的用法，刻意地回避了古希腊的民主概念（所以，把它翻译为民主国家或民主政体，严格地讲未必妥当）。

总之，我把这些问题提出来是希望提醒大家，通过对西方重要思想家经典文本中重要概念和术语的还原，我们可以开辟出很多新的论题，可以做很多的文章。

第二个是方法论问题。在一篇关于政治现象学的笔谈当中，我曾经谈到过西方政治思想史研究的拓展与创新，一方面体现在研究对象上，另一方面也体现在研究方法和研究进路上。[①] 在方法论问题上，我自己比较倡导各种研究方法与研究进路的综合运用。因为政治思想史本身就带有学科多样性的特征，那么在方法和进路上自然也就存在着多样性。

这里我想借助具体的例子来说明西方政治思想史研究中方法论的拓展。我愿意给大家推荐我最近阅读到的一本书——上海师范大学李尚君教授的《政治领袖与雅典民主》；[②] 在我看来，这本书最大的特点就是它在传统的方法之外，运用了政治文化的视角对古代雅典的政治史和思想史进行了研究。就方法论而言，这本书具有以下两个特征。首先在文本上，以往研究古希腊的政治思想，重点是柏拉图、亚里士多德的哲学文本，再加上希罗多德、修昔底德的历史书；而政治文化的研究视角更加注重古希腊的演说辞。李尚君教授的这本书当然也援引了柏拉图、亚里士多德、修昔底德、色诺芬，但他还大量地使用了演说辞。

① 刘训练：《政治思想史研究的方法论反思与政治现象学的尝试》，《南京大学学报（哲学·人文科学·社会科学）》2019 年第 1 期。

② 李尚君：《政治领袖与雅典民主：政治文化视角的深描》，商务印书馆 2023 年版。

演说辞的重要性在于它更多反映的是当时雅典的公共话语，而哲学文本或历史典籍往往仅仅体现精英的哲思或精英的叙事。这是我看重这本书的主要原因。在一些关键性议题上，李尚君教授借助演说辞进行了细腻的分析。他从这类文本切入，重视的是公共话语，即普通民众所熟悉的那套话语，而这是传统的以哲学文本为中心的研究所无法做到的。其次，相应地，李尚君教授的著作在分析过程中，在思辨的、推理的这些传统因素之外，还非常关注雅典的公共历史记忆、政治认知、政治认同等因素。以上两点是我阅读这本书时的特别感受，它们也说明了这本书是如何体现出政治文化视角的。

另外，可能大家也注意到了李剑鸣教授关于美国立国与制宪时期政治文化的系列研究。在我看来，这些研究——尤其是刚刚结集出版的鸿篇巨制《美国建国时期政治文化的主流》——都是政治文化研究进路的典范之作。[①] 因为这本大书我刚刚买来还没有细看，不好发表进一步的评论。但李老师前期相关的成果已经在期刊上发表过，我想不少同仁肯定也看过。为什么说李老师的这些研究可以被视为政治文化研究的典范呢？我想在方法论方面主要就体现在他对独特文本——当时各类小册子、报刊对于相关政治议题都有热烈而丰富的讨论——的使用，这跟我们传统以精英文本为中心的研究是不一样的。

① 李剑鸣：《美国建国时期政治文化的主流》，商务印书馆 2023 年版。

这里顺便提一下，我自己这几年在马基雅维利研究之外，把兴趣延展到了罗马的政治文化。我关注的主题是罗马的德性政治，我认为我自己的这些研究也可以作为研究方法和研究进路多样性的一个例子。在相关的论文中，大家可以看到，除了传统的经典文本分析、政治史分析之外，我还带着我的团队运用了概念史的方法、政治文化的方法、社会史的方法，等等，有兴趣的朋友可以找来看一看。①

第三个方面是问题意识。我们政治思想史研究的论文受到有些期刊的排斥，是因为在他们看来我们的研究存在各种各样的问题，其中比较重要的一点就是这类论文往往缺乏问题意识。这一批评不是完全没有道理。但问题在于，到底什么是问题意识？我们说任何一项研究和专业论文的写作都要有明确的问题意识，我们在给学生论文开题时也都会强调这一点——你的论文有没有问题意识？这一点似乎是常识，不必再强调了。但关于什么是问题意识，这其实是一个非常难以回答的问题。

在尝试回答这个问题之前，我想先提出一个观察和评论。那就是，作为一个编者和读者我注意到，国内学界有一些很有才华和学识、思辨能力和写作能力俱佳的青年学者，往往以讲解经典著作章节的方式来写作政治思想史论文。我个人认为这是不妥当的，论文是一回事，讲稿是另外一回事。我本人其实非常赞同政治思想史研究的人文性。什么是人文性？我们做政治思想史研究，首先需要带着学生去阅读经典、理解经典，需要把经典读懂弄透。在这个过程当中，我们可以博采众长，吸取各家各派的精华，融会贯通。但我觉得专业论文跟讲稿是不一样的。我们的专业论文应当集中解决某一个或者某一类具体的问题，需要交代相关议题的来龙去脉，包括对于学界既有观点的推进、辩驳等，需要步步为营。

---

① 刘训练：《在荣耀与德性之间——西塞罗对罗马政治伦理的再造》，《学海》2017 年第 4 期；刘训练、韩广召：《赛会精神、荣誉与德性：考察古希腊政治文化的一个新视域》，《学习与探索》2020 年第 3 期；刘训练：《德性政治：罗马政治文化的观念构造》，《道德与文明》2021 年第 1 期；刘训练、陈丽：《在制度与德性之间：罗马"德性竞争"论题的历史考查》，《江海学刊》2023 年第 2 期；刘训练、陈丽：《重塑德性概念：西塞罗对罗马政治伦理的再造》，《学海》2023 年第 3 期；刘训练：《西方古典德性观念的形成及其内在紧张》，《天津社会科学》2023 年第 4 期。

当然，不同的人对问题意识的理解是不一样的。比如，很多期刊的编辑和主编可能会问，你的研究或者论文对中国的现实有什么用？与中国式现代化、全过程人民民主有关吗？似乎只有跟当下最热门的话题结合起来，才叫有问题意识。这种质疑简单粗暴却又理直气壮，我们作为思想史研究者，也无可奈何。

我自己对于西方政治思想史研究中的问题意识的看法比较简单，也不太成熟，我先提出来，欢迎大家补充、批评。我认为问题意识并不一定要体现在和所谓现实问题、当前备受关注的话题、官方宣传话语的直接结合上，而是要体现在你的论文能否推进对某一个或者某一类具体的问题的认识或理解。当然，考虑到西学研究的传统和思想史研究在学术上的深厚积累，推进并不需要完全的创新，也不可能有完全的创新。所以，我刚才说的有所推进是一个比较谨慎的表达，它仅仅是指，我们需要在自己的研究当中明确指出，我们的贡献到底在哪里；我们至少自己要清楚，我们对前人的研究成果、现有的研究成果究竟有什么纠正、补充、完善或突破。在此基础之上，如果我们论述的主题确实能够在更宽广意义上有思想观念方面的学术相关性，或者社会政治方面的现实相关性，那么我们也可以做出交代和阐述，把我们的问题意识进一步表述出来。关于什么是“问题意识”？如何培养“问题意识”？萧延中老师有过精辟的阐述，有兴趣的朋友可以参考一下。[①] 我的说法还比较粗糙，其实仅仅是一个技术性的要求，卑之无甚高论，权当抛砖引玉吧。

在谈第四个问题之前，我还想就刚才提到的问题意识，特别是我们对现有研究成果的纠正、补充、完善或突破方面做一个诚恳的呼吁：希望我们国内的西方政治思想史研究同仁能够认真对待同行的研究成果，特别是国内同行的研究成果。我们的《政治思想史》杂志，他引率一直都很低，这是不太正常的。在西学研究这块，我们可能还没有形成一个成熟的学术共同体（当然这里面有其特殊性，不便多谈）。成熟的学术共同体要求我们对国内同行的研究成果做到心中有数。我所说的“认真对待”，不是说大家一定要去引用或者参照，但至少在相关主题和议题上，国内学界已经在哪些问题上取得了共识，或者在哪些具

① 萧延中：《什么是“问题意识”？如何培养“问题意识”?》，微信公众号“东南学术”，2023 年 8 月 12 日发布。

有争议性的话题上提出过什么看法，我们应该做到心中有数。不能闭门造车，抛开别人的研究，完全自己从头谈起。如果有些问题学界已经讨论过并取得了某些共识，或者已经有学者做过相关的工作，提出了类似的看法，那么我们必须有所交代，尤其要避免做一些重复性的工作。为什么我要专门强调这一点呢？因为我见过有些学者，在国内学界已经取得共识，或者已经有人明确提出过相关见解和看法的情况下，对此熟视无睹，不作任何文献方面的说明和参引。在谈到相关问题的时候好像完全是自己提出了全新的看法或者独到的见解，有时候仅仅参引西方学者，却对国内学者根本提都不提。

当然，任何问题都有其两面。我自己在做研究的时候也未必会对相关的二手文献做通盘的检索，更不用说全部阅读了。我们在构思论文或者初步提出论证的时候，为了避免思路上的干扰，故意不去做文献检索也不去阅读，这样做也许是有道理的。但如果到了正式写作的阶段，特别是我们已经成文定稿的时候，就必须对相关的二手文献——特别是有一定他引率的文献——做出综述，该参引的参引，该表示认同的表示认同，该提出异议的提出异议。只有这样我们才能做到前面提出的有“问题意识”，才能清楚自己的研究到底推进了什么，否则就很难再现我们在相关的主题和议题上到底贡献了什么。我前面对经典绎读的写作方式提出的疑异实际上跟这个问题直接相关。因为学术论文不仅是紧扣文本就可以了，还要提炼出有待解决的问题，总结出我们自己的贡献。以上就是我对西方政治思想史研究中问题意识的一点浅见。这种问题意识其实也是一个基本的学术规范，至少是写作的规范，没有任何学科、任何理由可以豁免。

最后一点是关于写作规范和技巧。作为编辑，我最希望作者能够做到的规范首先是文字的和技术性的规范。虽然每个作者都知道文字规范的重要性，但并不是每个人都能完全做到。我们编辑在编发文章的时候，甚至会发现就连我们自己在很多问题上也没有做到完全的规范。但是，不同的作者在文字规范，尤其是流畅性方面表现得确实很不一样，所以我们在编辑有些文章的时候很痛苦，编辑有些文章的时候则心情很舒畅。因此，我建议大家在投稿之前，除了通读文字之外，不妨再出声朗读一遍，或者找一个软件念一遍，自己听一听，效果肯定是不一样的，很容易发现规范性和流畅性方面的问题。

技术性规范是指作为投稿者，至少是在期刊接受了稿件之后，我们需要按照期刊的注释格式，配合编辑部调整好相关内容。当然，我相信大家肯定是会配合的；但有些杂志有自己的规范和格式，大家可能会觉得有点“一刀切”，跟通行的引证方式（尤其是古典著作的引证方式），或者说国际标准不一样，难免有些为难。虽然最后定版的时候可能需要配合杂志做出调整，但大家在成文的时候可以保留通用的格式，这样核对起来比较便捷。期刊的硬性规范和学术界通常的惯例二者是可以并行不悖的，有时候我们需要理解编辑部提出的要求，因为这些期刊可能是综合性的，我们不能要求期刊来照顾我们。但是，我们自己在写作的时候，还是应该保持学术界的惯例。

另外，规范肯定也涉及学术伦理问题。前面提到的参引同行研究成果的问题其实就涉及学术伦理问题。这里面还包括对现有中译本的尊重问题。虽然我前面提到过国内西方政治思想史经典著作的翻译存在不少问题，但如果我们实际上参考了，那么写作时还是应该标注中译本页码的，我个人觉得完全抛开现有的中译本是不可取的。

咱们线上参与的朋友应该是青年研究者居多，那么我强烈建议大家在投稿时提高规范性，这对我们投稿成功是很重要的。如果你做得非常规范，编辑们在初审和初步加工过程中是会给你加分的，希望大家认真地对待。这是我作为一个“老编辑”的肺腑之言，大家不要认为技术性问题是个小问题，我们应该提前把它做好。

所谓技巧我这里主要指写作技巧，而不是其他技巧。我刚才强调了政治思想史研究有人文性的一面，这对写作也是有要求的。思想史论文的写作应该跟偏重于实证研究的论文不一样。我们不是靠数据，而是靠对文本和思想的深刻把握取胜，因此我们应该在写作上提高技巧。古人云“言之无文，行而不远”。大家需要在表达上、修辞上多下点功夫。作为编辑当然是没有办法强求作者做到这一点的，但我相信一篇稿件是否能够吸引人们去阅读，肯定是它能否被录用的一个重要影响因素。作为投稿者，我们是值得用心去提高和改善我们的文字表达的。对初审的编辑和外审的专家来说，通过标题、摘要、引语、结语等方面的出彩表达一下子抓住他们的眼球，这是很重要的。同样，对于论文各个部分之间如何起承转合，各个部分之间如何均衡等细节，大家在投稿前多用用心，我觉得肯定是大有好处的。

以上就是我对“我们今天如何研究西方政治思想史”这个话题的一些初步的和粗浅的想法，请大家批评、指正。

（责任编辑：何涛）

在过去与未来之间的思考

段德敏*

非常感谢政治学人的邀请，刚才训练老师所做的是一个详细的、深入的关于西方政治思想史研究的讲解，既有思想的高度，也有技术性的指导。训练老师说自己是老编辑，确实是名副其实，我自己听了也非常受用，我想在座的老师和同学们也一样。

第一，我想强调一下，我认为训练老师关于西方政治思想史研究至少有四个方面的贡献：第一，我觉得是训练老师主办操持《政治思想史》，这个期刊是非常了不起的。我们国内的政治学期刊，或者社会科学期刊当中能够发政治思想史文章的本来就不多，训练老师费了很大的心血办起来这个杂志，一直在坚持，非常不容易。这个期刊，对我们做研究来说是一个极大的鼓舞，是一个灯塔式的存在。第二，是训练老师对马基雅维利的研究。刚才的讲演中训练老师举的很多例子，都是和自己的研究有关系的，这些研究也是非常细致和深入的，我自己也受益很多。第三，是训练老师所做的翻译，包括他组织的翻译，这些翻译作品在我们西方政治思想史领域当中，绝对是站在最前面的。我自己也做过一点翻译的工作，非常清楚这个工作的艰难，而且直接回报也并不太多。第四，训练老师还组织了很多西方政治思想史研究的会议等学术活动，把国内做思想史的很多同仁，包括同学们，召集在一起，大家互相认识、交流、互通有无，我觉得这也是极大的贡献。我就借这个机会和场合，表达一下我个人的

* ［作者简介］段德敏（1982—　），男，江苏溧阳人，北京大学政府管理学院长聘副教授、北京大学人文社会科学研究院副院长，主要从事西方政治思想史、政治学理论的教学与研究工作。

敬意。

第二，我想就刚才训练老师提到的西方政治思想史研究领域边缘化的问题来稍微讲一讲。现实确实是这样，政治学这个学科领域中偏实证和应用类研究更多一些，政治思想研究较为边缘。但我觉得这是正常的，也没有关系，我们做政治学研究要多元化，政治思想史研究边缘就边缘吧，很多人觉得没有什么太大意义的问题，我们来做一做，探索一下它能带给我们的意义也挺好。而且对我个人来说，我很尊敬做政治学实证研究的同行，我自己也时常关注他们的一些研究。所以这其实不是一个非此即彼的问题，而是互相补充、互相参照，别人是否这样看我管不了，至少从我个人角度看是这样。多元化其实既符合国际学界的惯例，也适合中国国情，并没有必要因为自己选择从事某个方向研究就要去贬低甚至否定别的方向的研究，我们主要还是应该把自己的研究做好，用各自认为合适的方式提出有意义的问题，给出启发人的分析和思考。

顺着这个话题，我觉得在我们政治思想史研究领域内，方法和视角多元一点也会好一些，就像刚才训练老师也提到研究方法的多样性，举文化视角研究古希腊政治思想的例子。我们做政治思想史研究，其实应该鼓励研究方法、研究视角的多元化，因为多元才能使研究繁荣，大家才能从不同角度获得不同的刺激和启发。同样做政治理论、政治哲学、政治思想研究，罗尔斯就与斯金纳、哈贝马斯、阿伦特等学者做研究的方法其实就非常不一样。我自己以前读法国当代政治哲学家克劳德·勒弗（Claude Lefort）作品的时候就非常惊讶，研究还能这么做，政治思想史还可以这么写？这种惊讶，正是因为它能够给我们带来一些新鲜的刺激。当然多元化不代表没有标准，我们还是需要讨论一些真实的、有意义的问题，就像刚才提到的“问题意识”。

我接下来想分享的，是我自己关于西方政治思想史研究的一点体会。刚才训练老师也提到，我们之前有过一个类似的活动，即“阅探：如何重写西方政治思想史”。这个活动是以我的新书为契机，但我其实很惭愧，因为我自己确实是不知道该怎么“重写”，我知道我自己喜欢做什么研究、适合做什么研究，要是让我去教别人如何写（更不用说“重写”），我肯定没有这个资格、没有这个能力。

于我个人而言，我觉得做政治思想史研究首先是问题意识。我们读重要的政治思想家，如霍布斯、卢梭或马基雅维利等，他们的工作在相当大程度上都是对当时他们所看到的一些重大问题的反映，背后其实都有一些时代性的重要关切。比如说霍布斯，当时就面临宗教战争、价值多元化、秩序崩解的大问题，这些都是刺激他去做一些理论上创新的动力。二战以后，纳粹时期的极权主义就极大地触动了阿伦特。那么我个人也认为政治思想家们的思考与写作，一方面是对时代问题的反映，另一方面也是对人性、人的政治生活本身的持续性的探索。后者其实是一个柏拉图的问题，即如何过一种好的生活的问题。但这两方面既相互区别，同时又是内在地紧密联系在一起的。我当然不敢自比这些伟大的思想家，但是多少模仿一点是可以的，我个人去做一些研究和写作，大言不惭地说，跟我所看到的或认为的时代问题以及人本身的问题是紧密相关的。

那么接下来的问题是，既然要关注人本身，人的现在与未来，为什么不是直接从当下入手，而是去做政治思想史研究？这主要是因为当下流行的很多观点或者理论视角往往是非常不够的，无法满足我们的好奇心。在这里，我想借用19世纪著名思想家约翰·斯图亚特·密尔曾经说过的一句话，他说："最具原创性的思考者是那些对前辈们的思考了解得最透彻的人。"这个大意是说如果要有所创新，就要对过去的人的思考有非常深入的理解，要知道他们说过什么、做过什么。一般来说，我们做创新，其实是希望看看现在流行的是什么，然后在目前流行的基础之上，做一些创新或改变，很少有人说要回到过去。密尔却要求我们回到过去，去看看那些过去的伟大的思想家们，他们写过什么。密尔在下这个判断的时候，是有这样一个背景：他认为，在以前贵族时代，虽然有诸多压迫和不公，但观点的表达其实是更个性化的，但是现代社会大众民主时代到来的情况之下，人们恰恰失去了勇敢地说出自己独特观点的勇气。因为现代社会人与人之间身份平等化，会形成多数人的意见，反而会极大地抑制"异类"观点的产生。身边的多数人的意见会对人形成一种心理上的压力，很多时候人们不敢和周边的流行观点去进行对抗。在自己和流行观点相左的时候，大多数情况下，人们会怀疑自己，而不是去和它对抗。也正因为此，密尔认为我们需要回到过去，因为回到过去，你就会知道在人类的历史上，曾经有很多种不同的多数人意见，它们相互之间也经常互相矛盾。我们通过研究思想史，研究历史、研究过去，能够获得一些底气去对抗时下流行的意见，表达自己的看法。

历史上一些伟大的政治思想家，虽然过去了很长时间，但是他们所做的一些思考，一方面和具体的历史情境有关系；但另一方面，他们直接触及人的存在和人性本身，讨论了关于人的一些根本性的问题。当然，他们所讨论的视角肯定是非常不一样的，但是每一个重要的政治思想家，都会提出一些非常有趣的观点和看法，即便在今天，仍然有刺激人的地方。所以我个人觉得，如果写完一篇政治思想史研究的文章，结论主要是把前人大肆地批判一番，这样做多少是缺了点什么。于我自己而言，我觉得推动我自己做这方面研究的动力，主要还是希望能够获取一些教益。我觉得每一个重要的思想家都是值得我们去研究的，他们其实都是经历过时间和众多人的检验，我们去阅读、研究他们，和他们对话，能够从他们那里获得很多丰富的养料，而这种养料能够帮助我们去思考今天所面对的一些重大问题，以及未来可能面对的重大问题。借用阿伦特的书名，这其实就是政治思想史研究的“过去和未来之间”。

我们当然需要承认，过去和现在的人及社会都有相当大的不同，两千年前的中国人和古希腊人的生活世界和今天的人们的生活世界肯定是不一样的，人们的思考与写作必然和这种具体情境有关。同样，不同的文化和社会，人们的情感、习俗和道德观念也不一样。但另一方面，我又相信人有一些共通性，无论你在哪，无论是东方还是西方，无论是古代还是现代，其实都具有一些不变的东西。我们如果抓住这样一种共通性，既考虑到历史的情境，又关照到由共通性延展而来的对现当代和未来的穿透，抓住一些核心问题进行仔细研析的话，我觉得就会是一个比较好的研究。

我们政治思想史研究的相对优势，其实就在于擅长从过去的人的思考中找到能够穿透现在和未来的力量。我们的研究需要找到这种力量，并将它表达、发挥出来。这个领域虽然是边缘和小众的，但我们做一些大多数人不愿意做的事，多少也是一种贡献，我们不应妄自菲薄，而应加倍努力，回馈学界和读者，同时也希望“主流”能对多元化的研究取向有所包容。

我就讲这些，请多批评，谢谢大家！

（责任编辑：何涛）

建立思想与现实之间的血肉联系

周保巍*

一

首先非常感谢“政治学人”的邀请，让我有机会来分享一下自己粗浅的看法。另外也特别感谢前面两位老师的分享，自己也非常受教。我的发言题目是“建立思想与现实之间的血肉联系”。前面段德敏老师的发言题目是“在过去与未来之间的思考”，其实我今天的题目也是讲“之间”的。段老师讲的是在过去和未来之间，我今天要讲的是在思想与现实之间。如果段老师刚才的发言题目让人想到阿伦特以及阿伦特的一本名著《过去与未来之间》，那我希望我今天的发言题目也会让大家联想到政治思想史上另外一位牛人和另外一本名著，那就是日本著名的政治思想家丸山真男先生的一本名著——《现代政治的思想与行动》。如果大家读过这本书，其实也可以把这本书叫做“在现代政治的思想和行动之间”，也就是说这本书实际上也是讲“之间”的。它的意涵是什么呢？它的意涵就是说：好的政治思想史研究必须在思想与行动之间展开，也就是要在我所说的思想和现实之间展开，要在思想和现实的关联和互动中展开。或者推而广之，政治思想史研究必须要在理论和实践的关联和互动中展开，在词与物的关联和互动当中展开，在观念世界和生活世界之间的关联和互动中展开，在上

* ［作者简介］周保巍（1976— ），男，安徽六安人，华东师范大学政治与国际关系学院副教授，主要从事西方政治思想史、政治学理论的教学与研究工作。

层建筑和经济基础之间的关联和互动当中展开。

首先，我要做一个简单地界定。这里面讲的思想（对我们的思想史研究者而言，可能也不需要解释）包括我们所研究的对象，也即理论、哲学、意见、原则、价值、理念，也包括我们的情感，我们头脑中看不见摸不着的东西，甚至有一些是虚无缥缈、不可测度的东西，我们可以称之为观念世界。那么与我们的观念相对应的、与我们的思想相对应的现实又是指什么呢？我认为它可能包含有两个层面的意涵。第一个层面是指作为我们研究对象的思想所由以诞生的那个现实世界。比如说我们研究马基雅维利的思想，马基雅维利的国家理性思想所诞生的十五、十六世纪意大利和佛罗伦萨的现实处境和现实状况；还比如霍布斯的绝对主义思想所诞生的17世纪英格兰的现实处境和现实状况。现实的第二层意涵，我认为是指我们作为研究者所置身的那个特定现实处境和现实境遇。比如说刘老师，包括段老师都研究马基雅维利，研究者也不是生活在真空当中，而是生活在现实的处境、现实的困惑、现实的问题当中，他们研究马基雅维利，也一定是从他们所置身的现实处境和现实视域出发。我们可以把这两个层面的现实统称为生活世界，一个是指研究对象的生活世界，一个是指我们自己作为研究者所置身于其中的生活世界。

下面我要说一下我的主要结论，其实也不是我的结论，而是被一些一流的政治思想研究者所一再证实了的一个观点，或者说被一流的政治思想家所达成共识的一个观点：一切好的政治思想史研究，它必然会致力于重建思想和现实之间的血肉联系，必然会致力于疏通思想和现实之间的血肉联系；好的政治思想史研究也必然会定位于思想和现实之间的一个交叉和互动地带。就像年轻一代新锐的思想史学者，剑桥学派第三代传人、哈佛大学教授纳尔逊（Eric Nelson）所指出的：任何政治思想史的作品都必须从一系列关于观念如何与现实生活当中的重大转折性事件之间进行互动这样一个假设开始。因此我们似乎可以借助于希腊的一个神话得出一个总的结论。这个希腊神话故事讲到，地母盖娅之子安泰是一个战无不胜的大力神，但他一旦脱离了大地，就会丧失所有的力量。同样，我们的政治思想史研究一旦脱离了政治思想在其中诞生、孕育、发挥作用、产生后果的现实世界和生活世界的母体，一旦脱离了研究者自身的现实处境、现实关切，以及由它们所激发和产生出来的同情共鸣，缺少了这种由现实感所产生的切肤感或者切己感，就会丧失所有的力量，就会丧失我们政治思想研究所应该具有的想象力、洞察力、解释力和生命力，就会变成一堆陈芝麻烂谷子的无聊且无意义的陈年旧事。政治思想史就会落入到以赛亚·伯林所描述的那种可怕状况中：伯林说，一些政治思想史研究做的都是些什么样的工作呢？“笛卡尔这样说，斯宾诺莎那样说，休谟认为他们俩说的都不对，这都是些死气沉沉的东西。”“除非你对所讨论的思想深感兴趣（注：我们知道，思想史研究者对什么感兴趣，一定跟自身的现实处境有关），否则不论你自己看法如何，思想史就总是与你无关的、死板的、索然无味的东西”。

二

这就是说，任何好的政治思想史研究必须回到思想和现实之间的这种复杂的、双向互动的和相互塑造的关系当中。既要考察现实和生活世界对我们思想和观念世界的塑造，也要考察我们的思想和观念世界对现实和生活世界的建构，不断保持着从现实到思想、从思想到现实的无尽的往复循环，保持着两者之间的血肉联系。这就意味着政治思想史本身不是在一个封闭的内循环当中来处理思想、观念，而是在与政治史、经济史、社会史、制度史的关联和互动中来考察和处理思想、观念。其实在研究政治思想史的过程中，我们常常会意识到，政治思想史当中的一些问题及其答案，往往不是从政治思想史本身当中来寻找，而是要在政治思想史之外来寻找，这就是我们常说的“功夫在诗外”的言外之意。

我们可以以现代早期的人性论为例。很多现代早期的思想家为什么一直在强调激情而不是理性，而在激情当中又更加强调的是 vain-glory，honor、pride、self-liking 这样的一些东西。尤其我们会注意到现代早期的很多思想家在讨论人性时，一直在探讨人的自我评价（self-estimation）问题，讨论我们为什么会高估自己，为什么会低估自己，讨论人的身份、人的尊严问题。不仅霍布斯在《利维坦》当中花了大量的篇幅来探讨这个问题，斯密在《道德情操论》中也花了大量的篇幅来讨论这些问题。他们为什么会讨论这样的问题？如果仅仅细读他们的文本，我们确实能够知道他们关于人性论的观念是什么，以及他们是如何去建构这些人性论观点的。但是如果我们要问：他们为什么会秉持这种人性论而不是那种人性论观点？又或者他们为什么以这样一种方式，而不是以那样的一种方式来建构自己的人性论观点？我们不能仅仅通过阅读文本，通过探讨文本内部的逻辑关系来得出答案。实际上，要找到这些问题的答案，我们必须要进入到政治思想史的外部，从长时段欧洲的社会、经济和政治变迁中去寻找可能的答案。

如果我们回顾西方的政治思想史，在西方政治思想史兴衰沉浮的过程中，我们也会发现这样一个问题。在整个20世纪的后半叶，政治思想史研究之所以能由边缘走向中心，由地窖上升到阁楼，其中非常重要的一个原因就是：20世纪后半叶的政治思想史研究重新恢复并重建了思想和现实之间的血肉联系。在整个20世纪上半叶，在斯金纳他们崛起之前，按照伯林的说法，政治思想史研究是非常寂寞、非常孤独的学科。就像斯金纳同时代的另一位著名的政治思想史家，思想史研究里的另外一个学派——苏塞克斯学派（Sussex School）的一位重要的成员温奇（Donald Winch）所说：作为一个政治思想史家，每次外出去作讲演、作报告，都好像是在进行一场客场比赛。为什么呢？因为每次都会面对心存狐疑，甚至心存敌意的听众。其中最具代表性的人物就是著名的宪政史家纳米尔爵士（Sir Lewis Namier），他对政治思想史的敌意是非常明显的，不加任何掩饰。他在与伯林交谈的过程中就曾直截了当地指出，“在所有的历史学家当中，观念史家其实是最没有用的”。他为什么会这样讲呢？这当然和当时占主流的实证主义和实在主义的哲学传统有关。我们知道在实在主义或实证主义的传统里面，他们认为观念、思想都是看不见、摸不着的，难以测度的，所以在证据等级上都处于比较低的等级。除了跟我们讲的实证主义传统有关外，政治思想史的低迷和边缘其实也跟我们传统的思想史或者观念史的做法有关。就像写出了著名的《革命政治与洛克的〈政府论〉》这部经典名著但却英年早逝的阿什拉克夫特（Richard Ascraft）所说，在传统的观念史里面，观念成为脱离了现实的、悬浮在空中的、浮游无根的东西，就像“一直在平流层当中自由漂浮的过眼烟云”。在他们的研究当中，思想与现实、观念与行动完全是割裂的，就像是两个没有任何交集的平行世界。

这里面也有一个关于伯林的故事：伯林之所以抛弃纯粹概念的、演绎性的、逻辑性的分析哲学而转向思想史，是因为在 1944 年从美国坐飞机到英国，跨越大西洋上空的时候，他突然顿悟到纯粹概念性的、逻辑性的分析哲学就如天上的浮云，它与现实有何干？它与我们天下苍生又有何干？这其实是在 20 世纪上半叶对思想史的敌意和不满的一个普遍源头。执掌剑桥大学的钦定皇家现代史教席的埃尔顿（Jeffrey Elton）在演讲时就曾讲到，“思想史根本不算是一个真实的历史，因为就其本性而言，思想史很容易失去与现实的联系，而且实际上思想史是远离我们真实的生活的”。但是，如果我们研究政治思想史就会发现，就历史的实际状况和实际进程而言，事实并非如此。即便在我们现在看来，最为抽象的那些概念，最为远离现实生活的那些形而上的概念，比如现代早期我们认为是虚构的“自然状态”这样的一个概念，其实它在当时都包含着最为真实的、活生生的生活经验和生命体验。比如现代早期的宗教内战和政治内战的经验，比如当时四分五裂的封建无政府状态这样一种生命体验。就像丸山真男所讲的：“欧洲的政治学概论看上去描述得很抽象，实则其背后蕴含有欧洲数百年来的政治历史脉络，哪怕只是其中某个命题，也是在其现实的变化波动中孕育而成的。所以不管针对哪个范畴或者就某个命题进行解析时，最终都会体现到欧洲活生生的政治现实中去。”即便是像康德这样穿着最为强固的理论紧身衣和重重概念盔甲的思想家，貌似最超脱于现实生活的思想家，实际上也是如此。比如在海涅的笔下，康德的每一本书都包含有具体的现实考量和目的。在海涅看来，《纯粹理性批判》这本书含有最为明确的政治宗旨——那就是要砍掉自然神论的头颅。

所以，我们政治思想史研究非常重要的一个工作，就是要复活凝结在各式各样的抽象概念和形而上学术语当中的那些已经逝去的、但曾经非常鲜活的生命体验，以及它们的现实质感，重建他们当时的问题意识和现实意图，重建它们与现实生活的血肉联系。这也是我们通过考察 20 世纪后半叶思想史（包括政治思想史）的复兴过程所得出的一个基本教诲：那就是思想史研究不能够一直悬浮在半空中，要下降，要落地，要回到其母胎和力量之源，也就是要回到虽然粗糙但却坚实的地表，要扎根于大地，要扎根于我们的现实生活，要回到我们研究对象的生活场景和现实处境，回到他们的所知所感、所思所想，回到他们的困惑，回到他们所面临的最为棘手、最为紧迫的问题。不然，我们的政治思想史研究就会一直悬浮于真实的生活和真切的现实关怀之上，变成观念世界内部的一种纯粹的概念游戏，一种文字游戏。从观念到观念，从概念到概念，这样的话，我们只能从事于观念内部的逻辑建构，或者是从事于观念内部的各种概念的分殊、梳理和辨析。这样的一种研究，即便是穿着最精致的学术外衣，包裹着最高大上的学术行话，它们也都只能就文本谈文本，就观念谈观念，在文本内部谈文本，在观念内部谈观念。好像文本所构成的观念世界是一个独立自足的领域，是一个严格的、封闭的、密不透风的、自循环或者内循环的系统。好像这样一个封闭的系统内部的思想和观念可以在不依赖或者不借助于任何外部因素，在没有任何现实刺激的情况下，就可以无限地自我繁殖，无限地自我增殖。

三

针对这样一种割裂了与现实生活关系的思想研究或者文化研究，著名的文化人类学家克利福德·格尔茨（Clifford Greetz）就曾经对之进行过辛辣而犀利的讽刺。他讲了一个关于印度人的故事。他说有人问印度人，“世界为什么能够悬浮在空中呢?”印度人回答道，“被一只大象驮着”；“那大象又是被什么驮着呢?”印度人回答道，“被一只乌龟驮着”；“那乌龟又被什么驮着呢?”“被另外一只乌龟驮着呗”。

这是一个令人忍俊不禁而又发人深省的故事。我们的政治思想史研究又能从这个寓言故事中获得什么样的教益呢？在我们的政治思想史研究当中，在我们寻找问题的最终答案以及因果关联的时候，我们不能够沦入到印度人的这种窘境：从大象到乌龟，再到另外一只乌龟这样一种无穷无尽的封闭循环。同样，在我们的思想史研究中，我们也要避免沦入到从观念到观念，再到另外一个观念，从而形成一个“完美”的闭环和内循环，由此丧失了将我们所研究的观念世界与我们所置身于其上的、坚硬的、坚实的地表关联起来的机会，由此丧失了将我们的观念世界与我们在其中生活、思考、行动的政治经济现实联系起来并加以研究的机会，从而也丧失了将我们的思想史研究从封闭的内循环升级为一个开放的外循环的机会。

最后，我想就我们现实中的政治思想史研究谈一点看法。我们当下的西方政治思想史研究，就像前面几位老师所说，近年来有了很大的进步和发展，包括就像刚才训练老师所展示的精微的概念辨析，包括致力于重构观念、文本内部的逻辑关系，甚至开始重视文本与文本之间的对话、思想家与思想家之间的辩难。我觉得这都是很好的现象，是一个非常可喜的现象，但这远远不够。我认为我们可能更加欠缺的、可能更加需要重构的是思想与现实之间的对话，是观念和行动之间的对话。这也是我在这里一再强调和呼吁的要重建思想与现实之间的血肉联系。这是我的一点粗浅看法，希望能得到各位老师、各位同行的批评指正，谢谢大家！

（责任编辑：何涛）

学术资讯

第四届历史政治学年会“政治制度史研究的范式重构”会议纪要

2023年10月28—29日，由中国人民大学国际关系学院、中国政法大学政治与公共管理学院合作举办的第四届历史政治学年会在中国政法大学国际交流中心成功召开。本次会议以“政治制度史研究的范式重构”为主题，是政治学界首次以政治制度史为主题的会议。来自中国社会科学院、北京大学、清华大学、复旦大学、武汉大学、南开大学、山东大学、同济大学、华中师范大学、天津师范大学、新疆大学、中国人民大学和中国政法大学等20余所高校及科研机构的50余位专家学者进行了长达两天的深入研讨。

10月28日上午，会议开幕式由中国政法大学政治与公共管理学院院长庞金友教授主持。中国政法大学副校长常保国教授、中国人民大学国际关系学院院长杨光斌教授、中国政法大学政治与公共管理学院杨阳教授先后致辞。常保国教授充分肯定了本次会议主题“政治制度史”研究对于当下国内政治学基础研究的必要性，并热烈欢迎各位专家学者的到来，感谢兄弟院校对于本次会议和法大政治学发展给予的帮助。杨光斌教授认为，要构建中国自主知识体系必须形成自己的方法论，运用学术共同体的合力进行推动。中国政治学当下更需要发展符合本国国情的政治学理论，从历史中寻找答案，回答历史之问、时代之问。杨阳教授介绍了策划本次会议的初衷，表示本次会议以政治制度史研究为主题，具有开创意义和现实意义。政治制度始终是政治学研究的一个核心问题，它将是一个大有前途的领域，希望各位学者能在学术观点的激烈交锋中继续思考，不断深挖。

本届历史政治学年会共持续两天，分为两场主旨发言和六个研讨单元。第一场主旨发言由中国人民大学国际关系学院王续添教授主持。

武汉大学政治与公共管理学院张星久教授以“问题、方法与中国政治制度史研究的创新发展”为主题，指出“发现新的制度事实”和“已有制度事实的概念化和理念化”是当下政治制度史研究面临的两大问题。首先，在政治制度史研究中，最重要的和最根本的还是终极的问题意识和终极的关怀问题，它是我们进行创新的原动力，而产生终极性问题意识则有“现实问题的刺激”和“在持续深入的研究中不断呈现、发现新问题”这两种途径；其次，问题决定方法、问题激活方法，政治制度史研究中研究方法创新的关键在于如何在问题中运用方法、激活方法。最后，在政治制度史研究中我们应遵循基本的学术规范，广泛地阅读材料，进行严格地考证、爬梳、辨别，不能孤证，不能照搬，也不能无视相反的例证，更不能曲解、误读。

中国人民大学国际关系学院杨光斌教授以“历史政治学与中国政治史研究”为主题，指出历史政治学有历史本体论、历史连续性、时间空间化三个关键词。在历史本体论上，布罗代尔认为历史有两个面向，一个是社会的面向，一个是政治的面向。在社会史中谈政治时，马克思主义的“经济基础决定上层建筑”是最经典的，政治在其中并不起主要作用；而在政治史的社会当中，政治具有绝对性作用。因此，在历史本体论中，我们应当区分政治史属性与社会史属性。政治史主要包括两种，一是具体的政治事件，二是方向性历史，一般而言，我们只有从若干事件累积到的方向性历史当中，才能找到概念和理论。“二战”以后西方的历史社会学把西方政治史、社会史概念化、理论化，它的冲击力非常之大。因此政治史虽然属于历史研究的范畴，但它是政治学理论研究的非常重要的资源。

南开大学周恩来政府管理学院季乃礼教授以“政治情感与秦亡的原因分析”为主题，指出人民对秦政的普遍“不满”心理在面对权威时会产生两种不同的情感，进而出现两种不同行为。一是当引起不满的权威过于强大时，就会产生恐惧情感，进而出现逃避行为，但行为上表现为服从。二是当引起不满的权威变弱时，就会产生愤怒的情感，进而会出现对权威的攻击行为。在秦末的实际情况中，人民在无路可走时，恐惧情感转化为愤怒，从而爆发了起义。而在秦亡后，虽然刘邦和项羽集团都受鲁国文化影响，重视乡情及亲情的重要性，但最终刘邦政治集团的理性战胜了情感，打败项羽并夺得了天下。

山东大学政治与公共管理学院王成教授以"春秋时期分封制走向郡县制的动力机制"为主题，指出在建立一个王朝之后，如何实现统治是统治者们所关心而又必须面对的问题。起初，当政治制度处于萌芽状态时，血缘是较为可靠的实现统治的方式，因此周王朝以血缘占主导地位而展开分封。而在生产力不断发展、血缘关系随着代际传递而愈加疏远时，分封就意味着分裂，因此，随着春秋战国时期奖励制度及考核制度的不断完善，楚国产生了最早的县。其后，因战争所获得的土地越来越多，诸侯国开始在新得土地上以郡制设计来防止与县制的重叠。最后，在统治者移民实边的过程中，郡逐渐发展起来，国家开始裂郡为县，郡县制最终得以形成。

接下来第一个研讨单元由中国政法大学政治与公共管理学院杨阳教授主持，南开大学周恩来政府管理学院季乃礼教授、中国政法大学政治与公共管理学院黄璇副教授评议。

北京大学政府管理学院助理教授孙明老师以"呈现'能动的制度'：扩大制度史视野后的思考"为题进行分享，指出制度不仅意味着规范的文本，还展开为一套政策、机构、组织、人员和职业安排的体系，制度深植社会之中并形成一种可以"氤氲"来形容的"化学作用"，基于制度生成了一系列的思想观念、文化和行为模式等。

中国政法大学政治与公共管理学院讲师何涛老师以"英国范例的限度——孟德斯鸠对罗马政治制度史的重述"为题进行展示，认为孟德斯鸠研究罗马的最终目的，在于提醒英国人和所有读者们注意英国作为一个范例的限度。考察孟德斯鸠的罗马政治制度史研究，对于完整把握他的思想，深入理解西方政治学从古代追求个人德性、中世纪追求彼岸幸福、到现代追求个人的自由的重要变迁来说具有重要的启示意义。

中国人民大学国际关系学院黄晨副教授的分享主题为"政治制度史的规范想象力——基于早期中华帝国'现代性'的反思"。他以周秦之变中的国家建构为例，认为学界对官僚制、暴力垄断等经验层面的制度变迁已有丰富研究，但在官僚制的理性化、暴力的限度等规范层面还有很大的研究空间。以经验和规范的双重视角考察“周秦之变”，才有利于厘清古代中国对现代国家史、现代国家理论的贡献。

两位评议人一致认为，三位老师的选题及发言横亘中西、纵贯古今，有非常丰富的意识、制度、机制、细节上的内容支持，为我们贡献了非常高质量的发言。今后，三位发言人可以从对制度能动性的推导、孟德斯鸠关于罗马与英国政治制度的对比、从古代寻找现代性的研究路径等方面对论文做进一步优化。

10 月 28 日下午，第二个研讨单元由武汉大学政治与公共管理学院张星久教授主持，中国政法大学政治与公共管理学院郑红副教授、中国人民大学国际关系学院黄晨副教授评议。

华中师范大学政治学部黄振华副教授分享其最新研究“伦理 · 生计 · 国家：家户主义的多维透视”，指出家户主义概念兼具描述性、本体性和历史性，它内含三个基本的认知维度：基于伦理的、基于生计的、基于国家的家户主义。

复旦大学国际关系与公共事务学院青年副研究员银培萩老师以“崛起国的社会科学为何‘同途殊归’？——‘比较知识政治学’视角下的美国与德国”为主题进行分享，强调在比较知识政治学的视角下，德国与美国社会科学“同途殊归”的原因主要在于二者间政治制度的差异。

华东政法大学政府管理学院讲师杨端程老师分享的主题为“比较视野下的中欧国家建设——时空、动力与任务”，该文认为中欧的国家建设在时空、动力与任务方面具有诸多不同，这些特征将为我们不断丰富发展国家建设理论提出新的思考路径——将“理性的行动者带回”，构建出国家建设的动态理论。

中国社会科学院中国社会科学评价研究院助理研究员余福海老师分享的主题为“西方名家的中国误读：韦伯的‘家产官僚制’理论及其遮蔽——基于清代中国历史实际的驳正”，他通过探析韦伯“家产官僚制”理论与中国历史实际的诸多出入，指出“谋略官僚制”实际上是对传统中国官僚体制的更加适切的理论概括。

两位评议人一致认为，四位发言人的文章及发言思路顺畅、议题广泛。建议今后可以从家户主义的框架、研究对象界定及解释机制问题、宗教作为中欧国家比较的变量、理论对话的先决性问题等方面进一步思考。

第三个研讨单元由山东大学政治与公共管理学院王成教授主持，同济大学政治与国际关系学院孙磊教授、华中师范大学政治学部黄振华副教授评议。

中国海洋大学政治学系王泉伟副教授以“选贤任能之上：古代中国王朝国家选官制度的政治整合功能研究”为题，指出在选贤任能之上，中国传统选官制度还有更加具有优先级的功能设定，那就是通过选官系统来进行大一统王朝的政治整合。

华中师范大学政治学部特任副教授李立老师的汇报主题是“越战越弱的领土大国：来自五代的证据”，他通过研究认为“战争缔造国家”的假设需要在特定的政治结构中才能实现。在成熟的中世纪官僚国家中，国家建设的核心机制不一定是战争，而是国家内部的文官力量能否控制军事力量。国家建构可能是一个系统问题，不能简单地通过战争驱动理论来解释。

中国政法大学政治与公共管理学院讲师黄承炳老师以“制宜与变异：唐代藩镇使下御史的产生及其泛滥”为主题进行分享，文章通过考证指出唐代藩镇使下御史的产生与唐玄宗重视边功密切相关，而其泛滥则源于安史之乱后，藩镇体制不得已被引入内地，从而使得这一体制变成朝廷不得不承认的一种政治现实。

同济大学政治与国际关系学院讲师马猛猛老师的分享主题为“从概念分析到历史政治理论重构——以百年‘中国专制政体说’的思想论争为中心”。他指出“专制”概念难以吸纳中国历史上的诸多宪制性议题，因而出现“概念超载”现象，为此，中国政治学自主知识体系的建构应探寻一种名实相符且更具理论统一性的中心性概念。

两位评议人一致认为，四位发言人各自论文的议题选择宏大，都试图提出前人未曾发现或不同于前人的创新性看法。今后可以从选官制度的政治整合功能是否超越了选贤任能、对论题假设的长时段历史检验、藩镇割据的历史影响、更加有效解释“权力制约机制”的问题等方面进一步思考。

10 月 29 日上午，第二场主旨发言由中国政法大学政治与公共管理学院庞金友教授主持。

中国政法大学政治与公共管理学院杨阳教授以“中国政治制度史的几个重要问题”为主题，就以下几点做了发言：一是指出西周封建制施行的客观原因是“时势”使然，其制度特点在于亲亲封建、宗族殖民、层层分封及化家为国，其封建行为的构成要素在于赐姓、胙土、命氏、赐爵。二是认为秦以后政治制度的主要演进趋势是权力的集中化，即一方面皇权整体上不断扩张，另一方面中央集权不断强化，国家治理单元呈现出越来越小且事权不断分散的趋势。三是强调秦以后地方政治制度的设置特点是“郡县为主、辅以封建、杂以羁縻”。四是指出强化中央集权与保持地方治理效能的两难造就了中国传统国家央地关系的“死结”。

中国人民大学国际关系学院姚中秋教授以“作为分析性概念的封建郡县”为主题，将封建、郡县构建为国家组织形态的普遍概念来加以分析。首先，封建同郡县是国家形态的两种理想类型，前者意味着多权力中心的间接统治，而后者则是单一中心权力的直接统治；其次，封建化是政治演变的自然趋势，血缘贵族制、私人化军事权力、财富积累而成就的经济权力、宗教和学术是驱动封建化的四种力量，封建化的不断涌现及其与郡县制国家的斗争是中国历史发展“治乱循环”的基本动力；再次，在当今世界，西方主流意识形态的自由主义将封建性正当化，并带动了整个世界的封建化，而中国却坚持并完善了郡县制。最后，封建及郡县抽象为政治学分析概念，有助于我们对每个具体的国家进行高度客观的描述，并历史性和世界性地比较其利弊得失。

天津师范大学政治与行政学院刘训练教授以“天性、机运与制度化的德性：马基雅维利的机运—德性论题再考察”为主题，指出首先从历史维度来看，我们应当把政治制度作为一个动态而非静态或者单一的存在而把它同某个政治事件结合在一起，在此它显然离不开与政治观念、政治思想的互动关系。因此，政治制度史今后的研究也必然会走向一个动态的综合的方向。在方法论层面，他强调作为我们研究对象和方法的罗马共涉及五个方面：一是实际发生的罗马；二是李维、波利比乌斯等人编排呈现出来的罗马；三是孟德斯鸠、马基雅维利等思想家以他们的认知对罗马史的重构；四是现代史学确立起来的以客观性标准为主的对实际发生过的罗马的认识；五是我们自己通过研究而产生的对于罗马的认识。因此，我们应当在五个罗马当中把握好自己的位置。

同济大学政治与国际关系学院孙磊教授以“宪制视角下的‘春秋决狱’”为主题，认为“春秋决狱”是中国传统法制理念儒家化的重要标志。《春秋》是中国传统政治的文明宪法，其大致相当于现代政治中的不成文法，或者是现代国家宪法的序言，它具有宪法性功能。这主要体现在：一是经学具有限制君主权力的制衡功能；二是经学具有作为国家意识形态的教化功能；三是经学具有作为“判例法”的“司法审查”功能；四是“经权”原则赋予了儒家士大夫“自由裁量权”功能。当下，现代中国的法治建设应当在批判借鉴西方法治文明的同时，传承中国古典宪制文明的道统，彰显大国礼治的文明风范。

第四个研讨单元由天津师范大学政治与行政学院刘训练教授主持，上海外国语大学国际关系与公共事务学院郝诗楠副教授、复旦大学国际关系与公共事务学院青年副研究员银培萩老师评议。

中国政法大学政治与公共管理学院郑红副教授的分享题目为“古代罗马帝国早期的广场政治：基于权力—空间的视角分析”，她指出罗马帝国早期的广场政治是基于公共空间的权力展示与博弈，是一种表面上基于“看见与被看见”的空间格局、行为与程序，而内里充满了对集权的策略和谋划。

新疆大学政治与公共管理学院讲师才仁卓玛老师以“阿富汗政治制度的演变：历史、特征与动力分析”为题，通过详细分析阿富汗政治制度演变的趋势、契机、推力、方式及阿富汗政治制度演变的四对动力，指出塔利班的国家建设仍需处理好现代化与国情、经济基础、宗教势力，民主化与传统制度的关系。

广西师范大学政治与公共管理学院讲师刘博然老师的分享题目为“专业主义的治理逻辑演进：基于美国城市经理制的历史考察”，文章指出面对历史变化，专业主义的内涵也随着社会性的楔入而扩容与更新，因此在当下中国的城市化过程中，我们在治理面向上应更多地考虑社会性因素。

北京大学政府管理学院博士后秦帅老师以“*Managing Hybridity：A Comparative Analysis of Public Management Reforms in China and OECD Countries*”为题，

通过对中国与经合组织国家公共管理改革的比较分析，指出中国的改革混合性更强。在未来的改革实践中，这种混合性或者我们对于这种改革的认识还是会有争议，但是在趋同或趋异过程中，一定会有一些新的理论或者方法、论据的发现。

两位评议人一致认为，四位发言人选题视野开阔、语言表达凝练准确。今后，四位发言人可以从罗马城市的空间功能是否对后世西方文化仍存有政治遗产意义、阿富汗同伊朗的比较研究角度、修正政治与行政二分法框架或引入新的解释、混杂性到底是纵向还是横向的一个概念等方面进一步思考。

10 月 29 日下午，第五个研讨单元由中国政法大学政治与公共管理学院张春林教授主持，中国政法大学政治与公共管理学院尹钛副教授、中国海洋大学政治学系王泉伟副教授评议。

西南财经大学马克思主义学院高卫民教授以“中国新型举国体制的历史政治学分析”为题，指出中华文明实践证明，举国体制符合党的十九届四中全会提出的中国制度和治理体系“植根中国大地、具有深厚中华文化根基”的精神，是中华政治制度中的关键因素。

上海外国语大学国际关系与公共事务学院郝诗楠副教授分享最新研究“民主党派对中共的军事协助与中国政党制度的形成”，强调民主党派在中国政党史中并非仅仅扮演着“书生党”的角色，它们有时也通过或独立或党际合作的方式建立自己的武装力量，以“战士”的角色协助解放军抗击国民党当局，这对于中国政党制度的形成具有重要意义。

中国社会科学院近代史研究所博士后罗豪老师的分享题目为“政治制度的连续：南京国民政府时期中央地方自治政策及工作中心的嬗变”，文章通过考察指出：第一，对于 1928—1937 年地方自治研究的时间分期应当重新划分，兼顾制度发展脉络与实际工作情形；第二，国民党自治政策和法规呈现并行且纠缠的“双螺旋”结构；第三，需要辩证看待孙、蒋自治思想。

清华大学法学院高一宁博士以“论监察机关的职权变迁与功能演进”为题，指出相比于 20 世纪 50 年代仅具有纠举和议定处分权，20 世纪 80 年代重建的监察机关被赋予了更大的权威，实现了纠举与处分合一。然而，监察体制改革对于人民代表大会制度下的权力结构作出了调整，却并未改变监察机关的宪法功能。

两位评议人一致认为，四位发言人的选题视角新颖，创新性较强，对自己所研究的议题都进行了细致梳理，内容非常精彩。今后可以从历史进路的论证策略是否有力、民主党派的军事协助对中国政党制度形成的作用、将地方自治概念同当时试图建立国家体制内的统一问题讲清楚、在写作上将问题更加聚焦于文章的主线等方面进一步思考。

第六个研讨单元由西南财经大学马克思主义学院高卫民教授主持，中国人民大学国际关系学院姚中秋教授、华中师范大学政治学部李立特任副教授评议。

山东社会科学院历史研究所助理研究员张锐老师以“从太史局到司天台：唐代天文官署的独立之路”为题，在进行细致梳理后认为，作为最高统治者的皇帝不仅要利用天文资源巩固王朝统治，更要利用天文资源维护其个人权力，后者往往是唐代天文官独立最主要的原因。

首都经济贸易大学马克思主义学院讲师孟献志老师的分享题目是“唐代高武时期中枢体制变革的前夜——以许圉师包庇案为例”，他指出该案件与中枢体制变革及高武时期皇权扩张之间是一种互为因果的关系，即许圉师的下台有助于三省体制朝着中书门下体制演进，而皇权的扩张欲望则是这一案件发生的根源。

中国人民大学国际关系学院雷升伟博士以“学治型权威：政学视野中的经筵与中心构建”为主题，指出在历史实践中，王官学传统的延续、经典体系的定型化以及文官士人群体的壮大与成熟，推动中心权威构建出现学治取向的制度化发展，而经筵则称得上是学治化的典范制度。

河南大学历史文化学院张光辉博士以“明清会典中督抚由‘例’到‘制’的书写历程——论文献生成、制度书写、制度观念的产生”为题，探究了明清会典中制度书写与政务实践不同步的原因。并指出：首先，我们需要客观看待文献的书写及其作用；其次，我们需要建立弹性的制度发展认知体系；最后，我们需要充分认识观念在制度实践中发挥的作用。

两位评议人一致认为，四位发言人所引用的文献丰富详实，选题视角多样，有深厚的学科训练功底。今后可以进一步从天文官所牵涉权力斗争中的“权力”性质问题、对超越性资源的进一步解释、加强文章制度认知到制度实践的历史分析等方面进行思考完善。

会议闭幕总结由中国政法大学政治与公共管理学院黄承炳老师主持。武汉大学政治与公共管理学院张星久教授在总结中指出，本次会议涉及的议题重大且多样，分别涉及制度如何变迁问题、传统国家的国家建设问题、制度的运行过程问题、概念问题等，这些问题的研讨与交流内涵丰富、意义重大。中国人民大学历史政治学研究中心主任姚中秋教授认为，在大变之世的背景下，政治学需要将历史带进来，以发展中国自主的知识体系。本次年会政治学与历史学跨学科、跨学校的交流十分成功且必要。中国政法大学政治与公共管理学院院长庞金友教授首先对到会的各位专家学者表示感谢，指出本次会议历经两天的深度研讨，在火花四溅、相互交流、意犹未尽的氛围中即将闭幕，这也意味着今后中国政治制度史的研究将大有可为。最后，本届历史政治学年会在热烈的掌声中圆满落幕。

（文字整理：王宁　责任编辑：何涛）

第七届政治概念研究学术研讨会暨工作坊“政治概念与政治学前沿”会议纪要

2023年11月25日，由中国政法大学政治与公共管理学院与南京大学政府管理学院合作举办的第七届政治概念研究学术研讨会暨工作坊在中国政法大学国际交流中心成功召开。本次会议以“政治概念与政治学前沿”为主题，来自清华大学、中国人民大学、复旦大学、中共中央党校、南京大学、南开大学、吉林大学、浙江大学、武汉大学、中山大学、厦门大学、北京理工大学、对外经济贸易大学、上海交通大学、暨南大学、云南大学、天津师范大学、西北政法大学和中国政法大学等40余所高校及科研机构的70余位专家学者围绕会议主题进行了深入研讨。《中国社会科学》《人民论坛·学术前沿》《天津社会科学》《学海》《学习与探索》《江苏社会科学》《江海学刊》等多家核心期刊的编辑代表受邀参会。

11月25日上午，会议开幕式由中国政法大学政治与公共管理学院院长庞金友教授主持。中国政法大学副校长卢春龙教授、教育部“长江学者”特聘教授、南京大学张凤阳教授先后致辞。卢春龙教授首先感谢南京大学对法大的充分信任，并对远道而来的各位专家学者表示热烈欢迎和诚挚谢意。他指出，概念永远是政治学研究的基础，在概念差异的背后常常存在着本质主义与建构主义两种哲学范式的分歧。对于概念的反思有助于我们建构中国特色政治学话语体系。最后，他预祝工作坊的举办取得圆满成功。张凤阳教授简要介绍了南京大学在政治概念研究领域的发展历程，指出当前中国学界对政治概念的研究已形成规范分析、经验分析、历史分析三条进路，政治概念研究能够为中国政治学开辟一个新的视角，这种视角跟其他的研究方法之间不是替代性而是互补性关系，希望学界同仁能共同携手推动概念研究的深入发展。

本届政治概念研究学术会议分为两场主旨发言和三场分论坛研讨。主旨发言分别由《中国社会科学》编审梁华、《人民论坛·学术前沿》副总编马冰莹主持，八位资深学者先后发言。

南京大学政府管理学院张凤阳教授以"'消灭'还是'扬弃'——重思《共产党宣言》的一处翻译之争"为主题，提出从马克思本人的哲学思想与《共产党宣言》的写作背景来看，德文"aufheben"一词翻译为"扬弃"比"消灭"可能更加准确。如果撇开对于资本主义生产方式的"扬弃"概念，要准确把握共产主义如何真正超越资本主义就会变得非常困难。

中国政法大学政治与公共管理学院杨阳教授以"概念滥造与学术泡沫化"为主题发言，指出由于知识系统、价值系统、思维方式等的不同，中西方不同概念在对接过程中总是容易出现误读现象。有的学者在概念互释中通过采用"抽空概念内涵""弱化概念原则性与稳定性的方式"来对概念进行有意曲解，并制造出诸多"公共性匮乏""科学性缺失"的概念学术泡沫。在概念的生产中，必须注意"概念的内涵与边界""以合理（科学）分类为基础"及"经验与逻辑的双重检验"等几个因素。

教育部"长江学者"特聘教授、清华大学政治学系任剑涛教授的发言题目是"两种思维方式中的概念和概念运思"。他提出人们对概念的思维方式主要有两种：一是倾向于论证一种概念有效性的肯定性思维方式；二是从否定开始的否定性思维方式。两种不同的思维方式的概念运思大不相同，肯定性思维方式中的概念始终有自立性，它承认概念的原生出发点及其衍生出来的可能性、肯定性、确立性；而否定性思维方式的概念运思是以批判的面目进入，但目的不在于批判的建设，而在于否定及颠覆它。

上海交通大学国际与公共事务学院张明军教授以"实践政治学：当代中国自主政治学话语体系构建省思"为主题发言。他强调政治发展的实践周期框定了人们主观设计的能动范围与理论纵深，决定着政治学话语体系构建的基本类型。如果以"成功—完整"二维分析框架对政治学话语体系构建模式进行类型划分，可以得到四种不同类型。作为“崛起中的发展中国家”，当代中国政治学自主话语体系建构的突破口选择与方法论自觉应是实践政治学。

广东财经大学公共管理学院麻宝斌教授以“社会正义及相关概念辨析”为主题，重点分析了以下问题：一是区分正义概念历史溯源中的“交换正义”“矫正正义”“分配正义”这三种不同类型；二是辨析了正义（justice）、公正（impartiality）与公平（fairness）这三个核心概念的异同；三是指出在公平与效率的关系上，通过分配起点平等、分配过程公正及分配结果公平与宏观社会效率、微观组织效率的交叉组合来看，公平与效率应是可以统一的。

中国政法大学政治与公共管理学院庞金友教授以“政治极化概念的流变与分歧”为主题，指出极化概念上意识形态范式和情感范式之间的主要区别是：意识形态之间的距离源于政党和政党支持者在意识形态问题和维度上的不同立场，而情感之间的距离则由个人对特定政党的直接态度决定。在当下了解政治极化，需要持续观察群体双方如何看待自己和彼此以及双方的互动关系。

教育部“青年长江学者”、天津师范大学政治与行政学院院长刘训练教授以“政治概念研究的历史维度：一个技术性方案”为主题发言。他首先强调了政治概念史研究的重要性和特殊性，并指出我们首先需要重要政治概念在西方文明中的发端、流转、激荡、变革、再造、重生等历史工作。其次，他主张概念史研究必须坚持方法论的探索和具体事例研究相结合。最后，在具体建议上他指出，一是要有足够的语料库，二是要对相关的概念家族进行研究，三是强调概念史的研究与政治史、社会史、观念史、哲学史的研究的互动，四是在概念史研究中更关注概念断裂性问题。

南京大学政府管理学院郭忠华教授的发言题目是“标识性概念建构的基本要素和建构原则”，他指出概念的形成首先要求其表述的对象具有清晰可辨的边界，这体现为与其他事物比较的差异性；其次要求在边界范围内再进行意义提炼，边界设定方面的差异性原则和意义提炼上的内在一致性原则是社会科学概念建构的两条基本原则。最后，概念词汇的选择必须以“场域”为背景，它与其他概念连结，在一起形成的人类“意义之网”中解释概念之间的关系。

分论坛一以“政治概念与比较政治”为议题进行讨论。上半场由《天津社会科学》副编审唐静主持，六位专家学者进行分享；下半场由《学海》副研究员成婧主持，七位专家学者先后发言。

上海交通大学国际与公共事务学院林冈教授分享的主题为“政治学概念的误用、滥用、现象与辩证”。他指出在政治学理论、国际关系、比较政治研究领域都存在着概念误用与滥用现象，这主要是因为在对外来学术概念进行翻译时，翻译者和概念运用者所处的语言环境存在偏差，以及一些研究者不加辨别地借用外来概念，未能把握概念创始者的价值或经验预设。

西北政法大学网络政治传播研究院院长张爱军教授分享的主题是“传播概念在政治学应用的范围与限度”，他指出传播学概念在应用范围和应用限度上与政治学概念有所不同，这是由于传播学与政治学具有不同的学科性质和语言体系。传播学与政治学相互影响则形成了网络政治传播学的特质，也是一个非常有前景的研究方向。

华东师范大学政治与国际关系学院王向民教授的汇报主题为“政治的知识化与政治知识的结构：兼论中国政治学的知识地图”。他分析了政治知识化的三重维度，指出政治学的根源应当追溯到传播性知识尤其是日常生活知识，关注其中建制性概念或核心概念的作用。中国政治学具有比较政治学与“中国”政治学的双重结构，而政治学史的研究应当从“教育史”转向“知识史”。政治的知识结构框架实质上是一种比较政治分析，以“共同体的营造”为框架，可以尝试建构中国政治学的知识地图。

吉林大学行政学院彭斌教授以“自然权力：一项概念的提出与初步研究”为主题，尝试提出了自然权力的新概念。他认为自然权力是与人类群体相伴而生的，在群体之中发挥着吸引、组织和协调的一种力量；自然权力表现为调整内部秩序的血缘关系和维持不稳定多数的一种能力两个方面，作为关系的自然权力和作为能力的自然权力有所不同。为了完善自然权力这一概念，未来还需要充分理解和把握古今人类社会的历史之变，再从共通性社会事实中进行提炼和总结，深化自然权力概念的内涵和外延。

教育部“青年长江学者”、南京大学政府管理学院王海洲教授的发言题目是“‘概念学’：概念史研究的政治现象学进路探微”。他提出可以运用一种经过改造的“政治现象学”方法论来适配“概念学”的研究，即在处理概念的情境时，强调在“公共生活”的尺度中予以把握，以补充概念史所赖以建基的时间观；在处理概念自身时，强调其内在的政治逻辑和多元统一的状态，以补充概念史在择取和梳理材料时常用的“旅人”视角。政治现象进路中的概念学，有助于为概念研究提供更多的方案、方法和方向，也助力于丰富政治概念研究的工具箱，拓展政治概念研究的新空间。

哈尔滨工业大学（深圳）马克思主义学院助理教授王海东汇报的主题为“形态嬗变与概念流变——比较政治学中的民粹主义概念考察”。他首先梳理了当前存在的民粹主义概念纷争，将其分为指涉之争、属性之争、定义策略之争三个类别；其次从概念史的角度切入，以概念发展史的视角解读和阐释民粹主义所关联的各种政治现象，追述民粹主义形态的嬗变；最后指出大多数民粹主义概念的纷争都是概念拉伸困境与调焦虚化困境的体现，并提出了确定民粹主义的最小内涵、区分不同层次等纾解之道。

教育部“青年长江学者”、南京大学政府管理学院李里峰教授以“政治概念研究与自主知识体系建构”为主题发言。他强调政治概念研究具有其特殊性，因为相较于一般性概念，政治概念蕴含着强烈的价值关切和理论预设，也负载着更加深刻的政治意图和权力关系。政治概念不像自然科学的概念那样理性、中立、客观，政治概念研究是一个内容丰富、方法多元的跨学科研究领域，可以从历史的、理论的、经验的等不同进路展开。

厦门大学公共事务学院副院长李艳霞教授以“政治认同的概念结构与理论经纬”为题进行分享，指出目前中外学界对政治认同概念内涵解析呈现出“作为态度的政治认同”和“作为心理的政治认同”两种不同的理论面向，前者倾向于将政治认同视为个体对政治领域的态度与行为的汇总，后者倾向于将政治认同视为由一系列更加细致的由心理阶段构成，由认知结构、外部环境等因素驱动建构而成的心理过程；两种面向结合可建立起一个“现实指向—心理过程”为横纵主线的复合型概念结构，使政治认同概念的研究在主体与客体、心理质量与构件质量方面得以延展、深入。

中山大学政治与公共事务管理学院博士研究生周宇航以“理解美国政治极

化：意识形态分歧与情感对立”为题发言。她提出可以将政治极化划分为意识形态极化和情感极化两种类型，而意识形态极化和情感极化对于美国的现实政治和民主制度造成了重大挑战——多元化的政治正在被极化政治所取代。

南京大学政府管理学院于京东副教授以“近代‘主权’概念及其文化起源——基于 17 世纪法国历史语境的考察”为题进行分享，提出从概念史角度出发，“主权”概念的兴起远早于学界以威斯特伐利亚和谈前后为标志的时间节点。以空间为单位的权威原则在奥格斯堡和约中就已确立，但在实际政治与外交语境中，通行的说法并非“主权”而是“主权者”；在法国，“主权”这一术语经历“主权者”、“新君主”等用辞变迁最终成为一个集合单数、集体名词。

西南政法大学政治与公共管理学院讲师周洁玲以“协商代表的概念与模式探析”为题发言。她指出协商民主在实践过程中探索出不同于选举模式的协商代表机制，包括以抽样为基础的协商代表模式等类型。作为人为设计的代表性机制，以抽样为基础的协商代表制向经典政治代表理论提出了挑战。

对外经贸大学国际关系学院讲师张旭的发言题目是“以政体为中心理解‘政治衰败’概念——从亨廷顿与福山的比较出发”。他指出亨廷顿和福山对“政治衰败”的论述存在差异，前者主要关注共同体的建构问题；而后者则用“政治衰败”来描绘制度与外部环境间的不适应。福山的做法虽然扩大了解释范围但也失去了对政体的聚焦，政治衰败研究应当回归以政体为中心的解释模式。

中国政法大学政治与公共管理学院博士生吕玉红以“妥协与民主政治：对妥协概念的理论与实践考察”为题进行分享，梳理了“妥协”概念从古典到现代的内涵演变，分析了这一概念在欧洲各国呈现出的两种截然相反面向；指出妥协不仅作为有效解决分歧的方式在民主政治生活中发挥重要作用，其精神也与民主原则内在契合。

分论坛二的主题是“政治概念与政治思想”，上半场由《学习与探索》副研究员巩村磊主持，六位专家学者发言；下半场由《江苏社会科学》史拴拴副编审主持，七位专家学者发言。

中国人民大学国际关系学院李石教授以“两种政治概念”为主题进行分享，指出“平衡”政治概念从根本上将政治理解为各种力量之间的制约和平衡，而

“敌友”政治概念中“敌友”关系是独立于伦理、审美和经济等其他领域关系的一种纯粹政治的关系，两种概念的根本分歧关键是相比于道德，政治是否具有优先性。“平衡”政治概念与“敌友”政治概念之间的区别还体现为对于“战争”的不同理解及对待多元价值的不同态度等。

天津师范大学政治与行政学院高景柱教授以“差别原则、平等主义与优先主义”为题发言。他指出优先主义和平等主义之间的主要区别在于前者主要关注人们所处的绝对水平是好还是坏，后者主要关注人们的相对水平。罗尔斯的正义原则没有对社会和经济的不平等采取放任或完全消灭的态度，而是通过强调差别原则，主张能够为人接受的社会和经济的不平等，必须有利于处境最差者的最大利益，这就凸显出差别原则允许某些不平等的存在。

南开大学哲学院曹钦副教授以“政治实在与现实政治：‘Political Realism’的两种含义”为题分享，他认为“Political Realism”具有“政治实在论”和“政治现实主义”两种含义。由于二者在概念上是有区别的，二者的对立面也就不同。从概念上来说，除了有现实主义的政治实在论外，也可能存在非现实主义的政治实在论，以及现实主义的非政治实在论，需要在我们研究中审慎辨析。

北京理工大学外国语学院何鹏举副教授的发言题目是“‘穷理’能否摆脱‘惑溺’？——福泽谕吉的科学认识”。他从思想史视角讨论了福泽谕吉的科学认识，认为福泽谕吉虽然倡导“穷理”，反对日本所长期存在的“权力偏重”问题，却又陷入了肯定“智力偏重”乃至“智力全权”的逻辑。这告诫人们不能简单地认为掌握了科学技术就成了自然的主人，因为“穷理”的尽头也可能是“惑溺”。

首都师范大学马克思主义学院王炜副教授以“罗尔斯正义理论中‘mutually disinterested’的概念考”为题进行分享，他主张“mutually disinterested”现有的中文翻译“相互冷淡”忽视了该范畴同康德《判断力批判》中“审美无利害”及“高阶欲求能力”之间的关联，因此“mutually disinterested”应译为“相互公正”。澄清这种理论上的亲缘关系对于准确把握罗尔斯的理论内核具有重要意义。

中南财经政法大学哲学院张旭斌讲师以“拼接的权利合集：论生育权的性质与构成”为主题进行展示，他指出至今尚未有学者对生育权的道德基础给予周延的规范论证，原因在于生育权本身并非一个单独的权利，而是一簇拼接的权利合集，其各项子权利之间往往只具有议题的相似性而缺乏正当性基础的一致性。这提示我们在分析生育权问题时，应当具体问题具体分析，不能简单地给生育权冠以基本人权之称。

云南大学政府管理学院魏德伟博士以“时空转换作为政治思想史研究的第三种进路”为题进行分享，他指出在政治思想史研究的方法论上，问题属性与时空视域是关键的争议点。文本主义同语境主义的方法均遭受了较大批评争议，而在吸收二者研究进路的基础之上，以时空转换的研究进路来融合“过去视域”同“当下视域”，或许可以开启政治思想史研究的新方法。

中国石油大学（华东）马克思主义学院张会芸副教授的发言题目是“托克维尔的政党概念及其时间性”。她指出研究者们对于托克维尔政党问题的认识呈现出两极化趋势，这正是割裂了相关概念的时间性以及时间流动背后概念之间的相关性的结果。事实上，托克维尔的政党概念是一个开放的甚至未完成的概念，重新找回托克维尔政治概念的时间性，才能够真正把握其政党概念。

河南大学马克思主义学院周灏副教授以“老庄的政治概念及其理论特色——基于‘支配’视角的考察”为主题展开分享，指出尽管老庄展开政治思考的路径比较迂曲，表达政治关切的辞藻尤为隐晦，但他们的政治取向在本质上却又是入世的、进取的。老庄以“反者道之动”为出发点，从道的相反相成和柔弱卑下两个层次创造性地将政治的现实性剥离，而提升转化为“道治”艺术，呈现了对于政治的超越性理解。

南京大学政府管理学院谭笑助理研究员以“墨家思想‘天鬼之福’的意涵”为主题发言。他强调“天鬼之福”是墨家学说的核心及纲领性概念，而“福”的概念也积淀着人们对商周时期的宗教、人文规范融为一体、从国君到士庶都有制度途径获得福祉的深厚历史记忆。通过言不离“天鬼之福”，墨子希望引导时人重建可从规范中获取福祉的政治秩序。

上海交通大学国际与公共事务学院张诗羽助理教授以“严复的自由观念”为题展开论述。她认为，首先严复认识到自由必须以个人为主体，并强调个人积极自主追求人生目标的不受阻碍；其次，严复所理解的“自在”代表了一种中国情境下的独特自由观念；最后，严复在研究自由概念时受传统文化影响，侧重于强调个人主动承担责任、提升能力和遵循社会规范的重要性，而相对忽略了对国家权力的限制。

复旦大学国际关系与公共事务学院谢丽萍博士后以“近代中国政治思想史的概念发掘”为主题发言，强调近代中国政治思想研究需要提倡发掘旧概念的思路。采取“面对同样问题提出不同解答”和“同样的解答但回应不同问题”的多种做法，有助于我们避免陷入单一的解释路径，对建构中国自主知识体系具有重要意义。

天津师范大学行政学院王巍博士以“民粹主义的背面：恺撒主义的概念史与政治史”为题进行分享，她通过考究“凯撒主义”概念的生成和演变过程，指出凯撒主义的用法虽然已经被独裁所取代，但其并不能完整囊括凯撒主义的丰富内涵。在民主社会，比起“独裁”“极权主义”这样的概念，也许民粹主义才是凯撒主义的现代版本。

分论坛三以“政治概念与中国政治”为主题进行研讨，上半场由《江海学刊》的成洁编辑主持，六位专家学者发言；下半场由中国政法大学政治与公共管理学院副教授郑红主持，七位专家学者发言。

中共中央党校党的建设教研部张弛教授以“‘统一归口协调管理’的概念范畴和制度机制”为题进行分享，重点对统一归口协调管理的概念进行了界定。他指出统一归口协调管理是指由党委职能部门负责，管理或领导部分党政机关、群团组织、企业事业单位，指导其重大工作，或以行政机关名义直接管理部分行政工作的制度机制，在权责分配和运行机理上不同于决策议事协调机构和工作小组等其他党的领导制度。同时，他也比较分析统一归口协调管理在具体实践中的不同运行机制。

中央党史和文献研究院副研究员熊道宏以“改革开放初期中国共产党的‘发展’话语构建：以基础研究政策变迁为例”为题发言。他指出改革开放之后，党的政治话语体系发生了从“阶级斗争”到“生产力发展”的转型，这种转型和新话语体系的构建在科技领域内的基础研究政策变迁中尤其能得到体现。最后他还讨论了基础研究如何在经济调整的大背景下，经过适配或者是磨合的过程与发展话语相结合的问题。

浙江大学中国特色社会主义研究中心研究员皇甫鑫以“当代中国‘强监督—弱制约’的廉政治理模式及其适应性”为题进行分享。他认为当前关于控权的描述性研究还存在完善的空间。一方面缺乏对控权模式背后逻辑的研究，另一方面没有把权力监督和国家治理结合起来。在“强监督—弱制约”的控权模式下，监督具有功能性特征，缺乏刚性，权力约束的效果较差，难以在效率与约束之间取得平衡。最后，他还提到了监督越位、缺位、错位等问题以及奖励失败与“谁来监督监督者”的问题。

中国矿业大学（北京）文法学院副教授郑旭涛以“何谓‘邻避’？一项基于概念史的研究”为题进行分享。他指出“邻避”（Not in My Backyard，NIMBY）是一个流行于公共管理学、环境政治学、环境社会学、环境伦理学、环境法学等学科的重要概念，推动了多个交叉学科的发展和环境治理。但是“邻避”这一概念的外延比较模糊，这导致了诸多不必要的混乱。通过对该概念发展历史的梳理，他认为应该明确将“邻避”界定为一种预防性环境抗争，即相关居民在设施尚未破坏环境、尚未影响自身健康时抵制该设施的态度和行为。

华中师范大学中国农村研究院朱城坤博士以“原创性概念的‘叠加困境’及其破解路径？——以‘农民理性’的概念辨析为例”为题进行分享。他认为如“农民理性”等原创性概念面临诸多困境，而破解的路径可能包括：首先在“经验与概念”的对话中实现原创性概念的学术转化；其次在“历史与现实”的对话中把握原创性概念的时空互动；最后在“概念与概念”的对话中畅通原创性概念的学科交流。

吉林大学行政学院的王逸洲博士以“从自然权利迈向自然权力：权利与权力关系的再思考”为题发言。他首先回顾了学界对自然权利这一概念的批评和辩护，主张以价值诉求和伦理批判为中心，转向现实实践和历史生成相结合的分析范式。接着他提出自然权利的根本问题是对权利和权力关系的颠倒，实际上权利根本上都依赖于权力，需要在自然权力视角下重思权利和权力关系。

西北政法大学政治与公共管理学院张师伟教授以“中国传统政治思维特点及其概念提炼方式”为题发言。他指出政治概念是我们认识政治世界的产物，但流传下来的政治概念是非常有限的，必须追踪到中国传统思维方式来理解概念的产生。中国传统思维的一大特点是实用的思维方式，这种思维方式使中国人更多关注概念在实践当中的应用。他以仁、德、天下、中华民族等概念为例，指出它们具有强烈的实践规范功能。最后，他认为学界目前对政治概念的研究还不够充分，学者们不应生造概念，而是要使社会科学概念具备普遍的解释力。

中国政法大学政治与公共管理学院张春林教授以“变动中的观念——以中国近代‘民权’观为例的阐释”为题进行分享，指出近代的一些政治观念是在政治思想发展、政治制度变革、政治运动开展的互动影响中演变发展的。近代“民权”观念吸收了传统民本思想，既包含了法律意义上的“权利”（Rights）内涵，也具有政治意义上的“权力”（Power）的意蕴。“民权”的观念传入促进了民主意识的萌发，“民权”思想的激荡促进了国民意识的觉醒，“民权”观也推动了一系列政治活动的发生。

江西省社科院马克思主义研究所张兴亮副研究员的发言题目是“中国革命外来基本政治概念传播史探析及其启示——以‘苏维埃’为例”。他首先回顾了“苏维埃”概念的由来以及其传入中国并从话语竞争中最终脱颖而出的历程；进而论述了当时苏区普通干部群众对“苏维埃”的认识误区，以及由此引发的“苏维埃”话语的切换；最后他总结认为，“苏维埃”概念作为一种外来思想，要使它能为中国普通劳动者广泛接受，并在实践中发挥指导作用，必须寻找一种为他们所能理解和接受的民族形式（包括语言形式）。

暨南大学国际关系学院助理教授李荣鑫以“Disentangling Diversity of Deliberativeness in Chinese Deliberative Democracy”为题，论述了当代中国的协商民主问题。他认为当前的主流研究过分集中在如何将协商民主融入具有中国特色的中国民主和治理来展示“中国模式”的优越性，相比之下他试图将“协商民主”这个概念拉回到现实中，去评判现实中实践的“协商性”问题。要在概念厘清的情况下对照现实，让协商的归协商，咨询的归咨询，参与的归参与，而不能混为一谈。

中国政法大学政治与公共管理学院王鸿铭老师以“数字时代‘信息形式主义’生成的组织学分析”为题发言。他指出在国家治理的实践中，存在“信息赋能”异化为“信息形式主义”的治理悖论现象。而针对这一悖论现象，他提出官僚科层组织在数字时代要真正发挥“信息赋能”的治理优势，就必须围绕数字时代不断变化的信息形式，打造出适应于数字信息形式的相应治理机制。

中国人民大学国际关系学院谈玉衡博士以“‘帝制之国’：思想资源与晚清‘帝国’概念的生成”为题进行分享。她考察了“empire”概念在晚清传入中国时的不同翻译和译者所调用的思想资源，以及近代国际体系转型中东亚文化圈对于“帝国”一词的改造和使用，指出“帝制之国”是晚清“帝国”概念的重要组成部分，译词“帝国”的产生抓住并凸显了“empire”概念中“帝制之国”的含义；此外，“帝国”概念引入中国后也经受了中国传统思想资源（尤其是天下观）的改造。

武汉大学中国传统文化研究中心孙莹莹博士的发言题目是“近代中外文化往还间‘解放’概念的确立”。她指出近代以来“解放”一词不但沿袭其古典用法，又增添有“解除束缚，得到自由或发展”的现代新意。“解放”的概念刚从国外传入时，其用法曾呈现出古今中西杂糅的复杂样态，经过一系列复杂的互动与争论之后，最后确立了现代化和抽象化的“解放”概念。

闭幕式由中国政法大学政治与公共管理学院政治学系副主任何涛老师主持，南京大学政府管理学院于京东副教授、南开大学哲学院曹钦副教授、中国政法大学政治与公共管理学院王鸿铭老师分别汇报了三个分论坛的研讨情况，全面而生动地概括了专家学者们学术观点交锋的精彩内容。南京大学政府管理学院郭忠华教授和中国政法大学政治与公共管理学院庞金友教授最后做大会总结。郭忠华教授肯定了这次会议取得的圆满成果，表达了对主办方和与会专家学者们的感谢，并期待政治概念研究学术研讨会能持续顺利举办，继续对政治学研究工作贡献力量。庞金友教授向南京大学及各位专家学者对此次会议的支持和参与表示诚挚感谢，肯定了此次会议在促进高校合作与学术交流方面取得的圆满成果，并表示期待以后与各兄弟院校有更多更深入的合作机会，共同努力推动中国政治学基础理论研究的繁荣发展。

（文字整理：何涛、王宁、吕玉红、程浩　责任编辑：何涛）

征稿启事

《政治学前沿》（*Frontiers of Politics*）是中国政法大学政治与公共管理学院主办的政治学专业学术辑刊，由中国社会科学出版社出版，每年刊发两期。

一　辑刊定位

《政治学前沿》重点关注中外政治学研究的前沿问题，鼓励发现新问题、提出新概念、使用新方法，旨在打造具有前沿视野与现实关怀的学术平台。

二　主要栏目

1. 政治学理论前沿。关注政治学基础理论研究中的前沿问题，包括但不限于政治学学科体系、知识体系、核心概念、研究方法等。

2. 中外政治思想前沿。关注中外政治思想研究中的前沿问题，包括但不限于政治思想史的新阐释、政治思想研究新方法、新兴政治思潮等。

3. 当代中国政治前沿。关注当代中国政治研究中的前沿问题，包括但不限于党政关系、政党制度、条块关系、中国式现代化等。

4. 比较政治前沿。关注国际政治、国际关系、外交学以及比较政治研究中的前沿问题，包括但不限于民主研究、政党研究、现代化研究、政治传播研究等。

5. 国家治理前沿。关注公共行政和国家治理理论和实践中的前沿问题，包括但不限于行政改革、地方政府、基层治理、数字政府、公共政策等。

三 投稿说明

1. 欢迎海内外学界同仁惠赐稿件，论文以 15000 字左右为宜，论文须包含中、英文标题、300 字左右的中英文摘要和 3—5 个中英文关键词，请附作者的真实姓名、工作地址和联系方式。

2. 稿件规范格式请参照《中国社会科学》。

3. 请勿一稿多发。本刊实行同行专家匿名评审和三审定稿制度，审稿周期大约 1 个月。

4. 投稿邮箱：FrontiersPolitics@ 163. com，邮件主题请用“工作单位 + 姓名 + 论文名”。

5. 来稿一经采用，即付稿酬，并赠送样刊。

《政治学前沿》编辑部

2024 年 1 月 1 日